パリに憧れて

夢のサロン La Cachette et Mimi ができるまで

後藤由貴

Chapitre 2　エッセイ 063

Printemps 春 064

Été 夏 089

Automne 秋 111

Hiver 冬 131

Paris vu par Yuki 由貴のパリ 149

HOPE 178

un dernier mot 180

あとがき 182

sommaire

はじめに 006

Chapitre 1　夢のサロンができるまで 011

夢ノート 012

Mimiのはじまり 013

「Mimi」のヘアアクセサリー 014

「Mimi」のジュエリー&アクセサリー 016

La Maison de Mimi 018

サロンができるまえは… 020

長年の準備 022

La Cachette et Mimiの主な什器収集記 024

その1　お花と小鳥のラグ 026

その2　明治時代の鏡とフランスのアンティークランプ 027

その3　繭型のソファ 028

その4　ショーケース 029

その5　アンティークのバンケット 030

サロン作り日記 031

一目惚れアイテムがみつかりますように… 055

はいから屋の思い出 056

可愛いラッピング 058

小さな視線 060

あの頃のファンシーショップみたいに 062

はじめに

子供の頃は病弱で運動も苦手、人見知りで人前で何かをするのも、人と話すことも苦手。今では想像もつかないと言われるけれど、明朗快活で元気な子供とは真逆だった私は、いつも自分は人より劣っていると思っていました。

そんな子供時代は生きづらかったように思っていたけれど、思い返してみれば、心浮き立つようなワクワクする楽しい事もたくさんあったし、夢だって欲しい物だってたくさんありました。

例えば当時、愛読していた「小公女」の主人公セーラが持っていたエミリーという、美しい衣装をたくさん持ってるお人形が、欲しくて欲しくてたまりませんでした。そしていつしか実際のお洋服や靴、ランジェリー、アクセサリー…、女性を美しく彩るためのものに憧れ、古いものにも魅かれていきました。

〝ファッション〟を紐解いていくと、この時代にはこんな服装をして、こんなアクセサリーを付けていたんだ…と、時代背景と共に様々な歴史も知ることができ、ますます興味を持ちました。

こうして昔の記憶を辿っていくと、とても豊かで活気のある、キラキラした良い時代を生きていたのだと思います。


進路を考えはじめた頃は、ファッションを学び、洋服に携わる仕事をしたいと考えていましたが、同時にジュエリーやアクセサリーの世界にも魅せられていたのでそちらの方向へ進学し、１９９５年からはジュエリーデザイナーとして仕事をはじめました。

その後結婚をし、２００1年、夫と2人で「La Casita」というヘアサロンをはじめました。しかしどうしても前職が忘れられず、ヘアサロンの片隅で、自分で作ったヘアアクセサリーやジュエリーなどを販売するようになりました。オリジナルブランド「Mimi」の誕生です。

これまで長期休暇には色々旅しましたが、特に子供の頃から憧れていたフランスのパリで出会ったアンティークやヴィンテージのジュエリーに心奪われ、こんな素敵なものをご紹介できたら、という気持ちになり、いつしかパリから買い付けてきたものもお店に並べるようになりました。大好きなものばかりを集めた小さな小さな私の世界を、じょじょに広げていきました。

元を辿れば、これが「La Cachette et Mimi」のはじまりです。

もちろんヘアサロンの全てのお客様が興味を持ってくださるというわけでもないし、もしかしたら気付いていない方もいらしたかも知れません。でも、たとえ少数でも興味を示して見ていただけるだけで嬉しかったです。

私が「こんなものが欲しい！」と思って作ったヘッドドレスも、当初は反応が薄く、少し凹むこともありましたが、それでも自分の〝好き！〟を信じて作り続けてきました。

きっとどこかに私と同じように、こういうものが好きな方もいるはず…、と思っていたからです。


それからまた時が経ち、気づくと商品は膨れ上がり、ヘアサロン「La Casita」では手狭になっていたところにいろんなご縁が重なり、２０２１年7月に「La

Cachette et Mimi」というサロンをオープンしました。私のお店…、ようやく長年の夢が叶いました。

サロンオープンまでの道のりは、あっという間なようで、思い返すと色々な事がありました。

どこからがはじまりなのかも、もはや分からないです。

長い長い構想の間…、もちろん憧れと夢や希望がたくさん詰まっていますが、その間には喪失感、絶望感…、色々なことを経験しました。

その上で今がある、ということがとてもありがたいのです。


この本では、サロンができるまでの長い道のりを、私が大切にしているものや、影響を受けたことを織り交ぜながらご紹介したいと思います。

第一章　夢のサロンができるまで

夢ノート

昔から自分の身の周りの事や、気づいた事、好きな物を書き記したり、イラストにしてみたりしていました。ほしい物リストを作ったり、日記やエッセイのような物も書き残してあります。映画で見た素敵な衣装のスケッチや、自分のお洋服のコーディネートを描いてみたり。区切りの年には自分の年表まで作っていました。

「夢ノート」も作っていて、自分のやりたいことなどを書いていました。

今回、サロンを作るために「夢ノート」にまず理想のお店のイラストを描きました。本当に夢みたいな話なのですが、このイラスト通りのサロンになりました。ノートに記すのは、自分の思いをより明確にできるし、頭を整理するという意味でもいいですね。

夢を描けば…いつか夢って叶うのかも知れません。

Mimi の はじまり

Mimi のロゴマークに、スズランのイラストを考えました。
昔から大好きだったピンクとグリーンの優しい色合いに。
同じ音が重なる響きが好きでこの名前にしたのですが、Mimi ってフランス語で“可愛い“という意味もあるみたいです。

素敵な物は世の中に溢れているけれど、自分の感性や好みにぴったり合うものが欲しいなと思うようになり、好きなアンティークやヴィンテージを取り入れて自分でアクセサリーを作ってみることにしたのがオリジナルブランド「Mimi」のはじまりです。

2005年の夏のことです。

私が大好きな世界観を、自分の中にある架空の可愛い女の子「Mimi」をイメージして表現したいと思いました。

自分でできる、手の届く範囲で作ること、愛情込めて手作りすること。

そんなに数は作れませんが、海外で探し求めた希少な材料などを使って、こだわってとびきり可愛いものを作りたい！そんな情熱から生まれました。私の作った小さな世界が、いつか誰かの宝物になってくれたら嬉しいな、と思いながら…。

「Mimi」のヘアアクセサリー

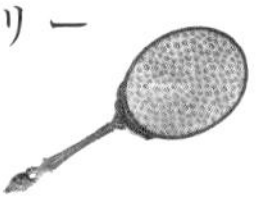

「Mimi」では、アンティークやヴィンテージ素材を使い、ヘアアクセサリーを手作りしています。クラシカルな雰囲気の装いにマッチするものを、と自分の好みがかなり反映されていますね（笑）。

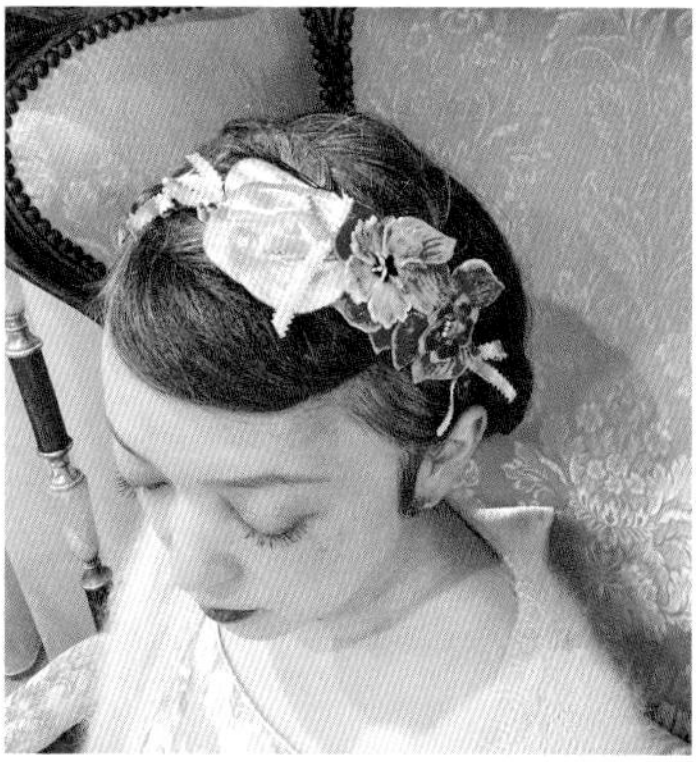
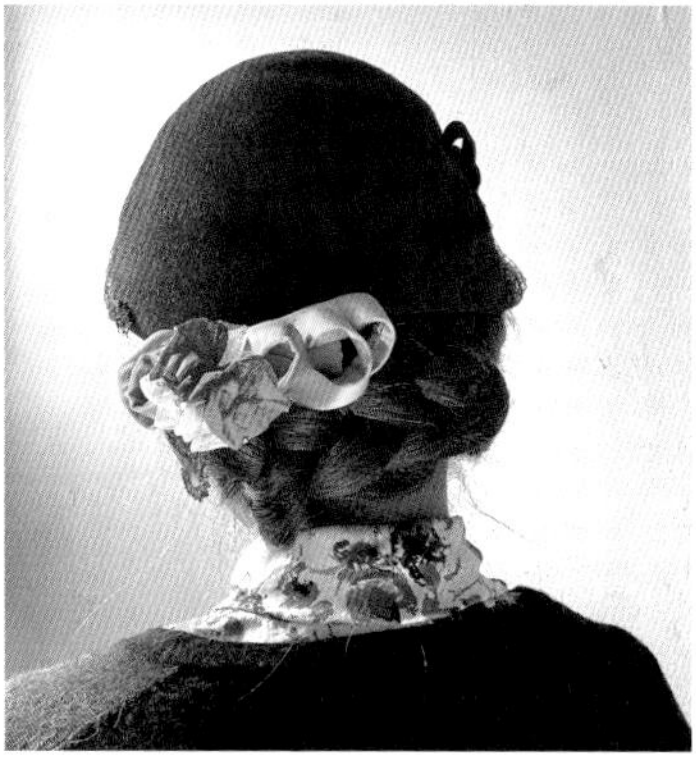

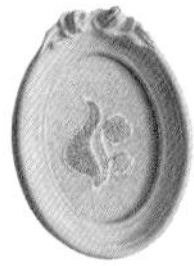

「Mimi」のジュエリー アクセサリー

フランスで出会った愛らしい色のヴィンテージパーツなどを組み合わせて作っています。
18金と天然石のジュエリーラインもあります。

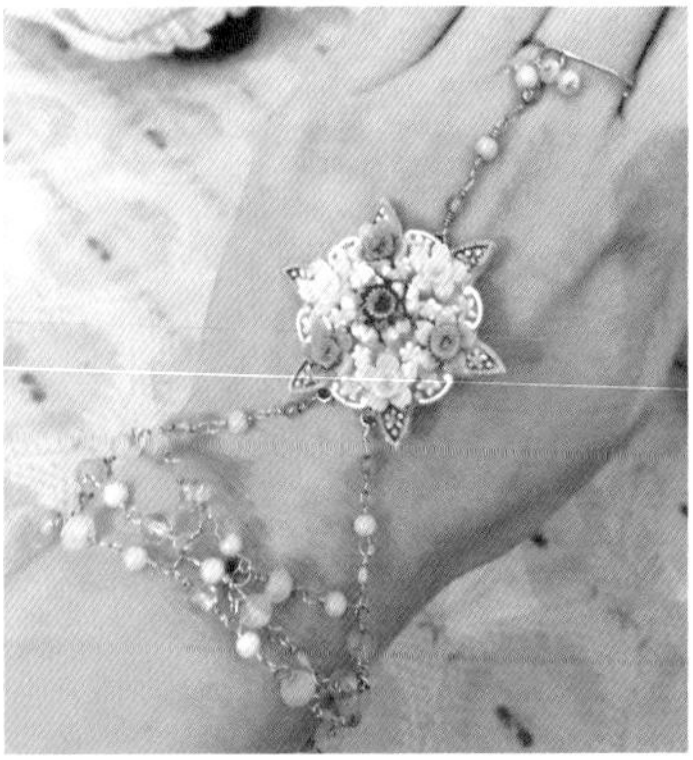

La Maison de Mimi

以前、海外のアンティークショップでお家の形をした木のバッグを見かけました。古い時代のもので、ペイントされた赤い屋根が開くようになっていて、すごくすごく可愛い!!塗装が剥げたりしていても、そこがなんだか古いお家みたいで愛おしい。昔、絵本で見たお菓子のお家みたい!!一瞬でとても心を惹かれてしまいました。それからずっとあのお家バッグが忘れられず、父にお願いして作ってもらいました。一軒一軒、それぞれ色合いなどが違ったり、煙突がついていたり。持った人のとっておきの一軒家になるよう、同じお家は作らないというのがこだわりです。右上のお家は、私のサロンのイメージで作ってもらったスペシャルバッグ。入り口ドアにはロゴマーク。これはお釣りなどを入れるお会計セットとしてサロンで使っています。

持つとこのくらいのサイズで、私はお財布やメイク道具を入れて使っています。
全てハンドメイドで、内側にはリバティの布を貼ってあります。
ちなみに写真の鳥かごのランプは、少しずつ集めてきた古い時代のイタリアのもの。中には小鳥がいる愛らしいランプです。

サロンができるまえは…

2014年11月、ヘアサロン「La Casita」店内にて1日限りのイベントをした時。
ヴィンテージアクセサリーと一緒にたくさん「Mimi」の商品を並べました。
知り合いでカフェやレストランをされていたり物作りをされている方々にも出店していただき、年に1度くらいのペースでマルシェを開催していました。

長年の準備

長らくヘアサロンの片隅で商品展開をしてきましたが、だんだん手狭になってきたので、倉庫兼店舗という形で物件を借りることになったのが、お店を開くきっかけです。

そうなると厳密にいえば2号店的な位置づけになります。

それもあり、スペイン語で〝小さなお家〟という意味のヘアサロン「La Casita」（カシータ）の、秘密の場所というイメージで、私のサロンの名前はフランス語で〝隠れ家〟という意味の「La Cachette」（カシェット）にしました。

本格的にサロンをはじめるにあたり、家具や什器など、ほとんど購入しませんでした。新たに購入したのはキャビネットと、ショーケースの2つのみ。

あとは全て数年にわたり今まで少しずつ集めてきたものでした。

ディスプレイに使う小物なども、パリに行く度にお気に入りをちょっとずつ見つけてきたもの。こんな雰囲気のお店にしたい、というイメージは強く持っていたので、そこはブレることなく、自分の好きなものを買い集めてきました。小物は沢山あれば、模様替えの時などに使えば良いし、決して無駄にはならないので。

購入した年、場所、みんなそれぞれですが、一緒に並べた時しっくりしたのは、多分イメージしてきたものがあったから。

こうして溜まっていった家具や什器、大きなものは実家に置いてもらったり、倉庫に入れたり、それでも収まりきれず、ショーケースなどは自宅で使いながら保管していました。

一時期は部屋中が家具だらけ、照明だらけになっていたことも（笑）。

今、私はそんな思い入れのあるものたちに囲まれて仕事ができる喜びを噛みしめています。

自分の部屋が家具でいっぱいの頃。

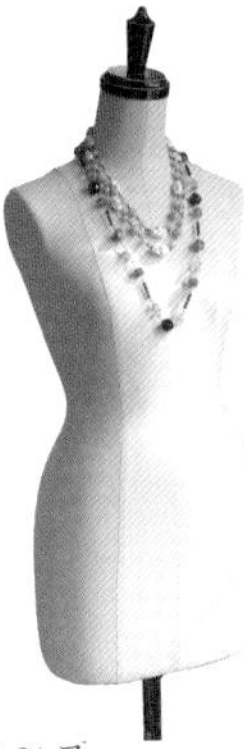

2010年
ヴィンテージの棚型ショーケース（約13万円）
トルソー （セールで約3万円）
共に都内のヴィンテージショップにて購入

2011年
1930年代の小鳥のラグと小鳥モチーフの陶器のテーブルランプ
共にパリの蚤の市で購入

2015年
アイアンの白い椅子　5脚
知り合いの方がカフェを閉めるというので1脚5000円で購入

2016年
冬　アンティークのミラーテーブル
　東京都「LIoyd's Antiques」にて購入（22万円）

2017年
春　繭型の1人がけヴィンテージソファ　2脚
　地元のお店にてセールで購入（約25万円）

2018年
フランスアンティークの丸型ウォールランプ　2個
東京都「THE GLOBE ANTIQUES」にて購入（約20万円）

2019年
ピンクの大きなシェードランプ
東京都「OLD FRIEND」にて購入（約6万円）

2020年
イタリアアイアンの三面鏡飾り
三重県のアンティーク＆ヴィンテージ家具店「kio」にて購入

長年の準備

La Cachette et Mimi の主な什器収集記

2001 年

春　クリスタルの鳥かごランプ

　　地元のお店にて購入（15 ～ 20 万円）

冬　夫が勤務していたヘアサロンで使わなくなったアイアンの椅子を頂き、

　　父にピンク色に塗装してもらう。

2002 年

知り合いからアンティークのクリスタルシャンデリアをプレゼントして頂く。

欲しかったものなのでありがたい。

2003 年

春　　テーブル型のアンティークの小型のショーケース

　　　地元のアンティーク家具店にて購入（約 8 万円）

2004 年

春　　小型のアンティークショーケース（約 9 万円）

　　　アンティークのテーブル（約 12 万円）

　　　共に地元のアンティーク家具店にて購入

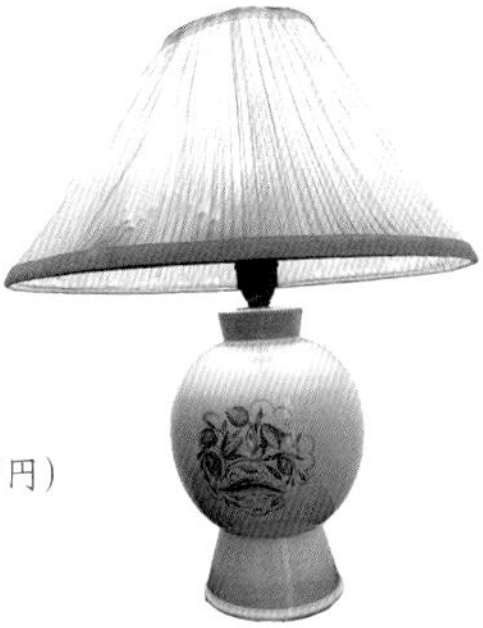

2006 年

フランスアンティークのアイアンベビーベッド（約 9 万円）

東京都「THE GLOBE ANTIQUES」にて購入

2007 年

英国ヴィンテージのピンクのシェード付きスタンドランプ(セールで約 5 万円)

スージークーパーのアンティークテーブルランプ（セールで約 6 万円）

共に都内のアンティークショップにて購入

2009 年

冬　　アンティークテーブル型ショーケース

　　　東京都「 Lloyd's Antiques」にて購入（約 18 万円）

長年の準備　その１

お花と小鳥のラグ

パリのヴァンブの蚤の市で出会ったラグ。古い時代のラグばかりを売っているストールで見つけました。特にラグを探していたわけでもないのですが、スッと目に飛び込んできて…呼ばれたのかもしれませんね（笑）。

ベースは黒地に、華やかな色合いのたくさんのお花、そして白い小鳥たちが。鳥の巣には卵まであります。なんとも可愛らしく幸福感に満ちた素敵なラグなんだろうと、一目惚れ。

夢のように可愛い！宝物を手にした私は高揚した気分で頑張って担いで大切に持ち帰りました。

そんなお気に入りのラグでしたが、あの時からずーっと使うこともなく、自宅に保管していましたが、今回サロンをオープンするにあたり、このラグをふと思い出し、敷いてみたら、ピンクの空間になじみ、雰囲気も本当にぴったりで嬉しくなりました。

長年の準備　その2

明治時代の鏡とフランスのアンティークランプ

夫の祖父母が営む床屋さんで使っていた、明治時代の大きな鏡。

長い年月、どれだけの人々を映してきたのでしょう…?幾つもの時代をずーっと見てきた鏡です。当時、こんなに大きく洋風な鏡は珍しかったのでは、と思います。戦争中はこの鏡も疎開させていたと聞きましたから、大切にされてきた事が伺えます。

よくみると額の部分には成功、繁栄という意味を持つエイコーン(どんぐり)の装飾があります(これを見つけた時、密かに嬉しかったです)。

そして鏡の両サイドにはフランスの1920年代の丸いランプを飾りました。パリのメトロのシテ駅などに見られる、こういう形のランプがとても好きです。国は違えど、時代がほぼ同じ明治の鏡とフランスのランプ、不思議なほどしっくりきました。

長年の準備　その3

繭型のソファ

この1人掛けソファを最初に見た時、鳥かごみたい！って思いました。

木枠のエレガントな細工やブルーグリーンのような色合い、なによりロマンテックなデザインにも一目惚れしてしまいました。

両側から頭の上まで包み込まれるような形なので、座ると不思議な安定感と心地よさがあります。

そしてとても優雅な気分になれます。

2脚見つけたので、迷わず購入しました。

これは1脚より2脚あったほうが絶対にムードがあると思ったから…。

ただ、かなり大きさもあるため場所も取り、保管も大変。

ということで自宅で使用しながら保管するという形にしていました。

長年の準備　その4

ショーケース

サロンには幾つかショーケースが置いてありますが、店内中央にある大きなショーケース…これはサロンをはじめるにあたり探して買ったもののひとつです。

最初は何か大きなテーブルを置こうか？とも考えていたのですが、色々探してもなかなかこれ、というものにすぐには出会えませんでした。

そんな時、地元の雑貨店でこちらを見つけました。そのお店の什器だと思っていたけれど、聞いてみたら販売しているとのこと。灯台下暗し…思いがけず素敵なショーケースを見つけることができました。意外と身近にあるお店で良いものに出会うことがあります。

見やすく、沢山の商品を並べることができ、また黒い色味が淡い色調の空間を引き締めてくれてシックな雰囲気になり、とても気に入っています。

長年の準備　その5

アンティークのバンケット

サロンをオープンして数ヶ月ほど経った頃、偶然にも素敵なバンケットを見つけてしまいました。

フランスの1920年頃のものです。深い赤のベルベット生地で、木枠にはロココ調の彫刻が施され、サイドに大きく2つの背もたれのある優美なシルエットが美しいエレガントなもの。

実はこのスタイルのソファに憧れていて…。

私の好きな映画「ロシュフォールの恋人たち」の双子姉妹の部屋にも、これとほぼ同じ形のソファがありました。

長年、探してもなかなか巡り会えなかったのですが、ついに私の元に‼感無量です。

サロンでは、この上にヴィンテージジュエリーなどをディスプレイしています。

サロン作り日記

サロンとして借りることになった物件は10坪の2階付きのテナントで、1階は店舗スペースと、奥には小さなキッチン、バス、トイレがあり、2階には2部屋ある、昭和な雰囲気の建物です。

築年数は50年ほど経つそうです。テナントが6つあるうちの1つで、私のサロンはちょうど真ん中に位置します。

夫と営むヘアサロンの目と鼻の先なのも好条件でした。

5/4

店舗引き渡し

微妙にカラフル（笑）。
以前は香水屋さんだったとか。

かなりの昭和感…

お店の外観は、サッシだった入口は全て無くし、新たに木枠の窓とドアを取り付けました。
お店の内部は蛍光灯だった照明を全てダウンライトに変えたかったので、全面的に電気工事に入ってもらいました。

5/5 工事開始

入り口に木枠ができていた。今回、経費を抑えるため、大工さんには個人的にお願いしてお休みの日に作ってもらうことになった。できあがるには時間がかかるかも…。でも力になってくれて、本当にうれしい！

5/16

扉がついた。

5/8

雨傘？シェル？みたいな可愛い小さな屋根。夢ノートに私が描いたものと全く同じ！それを知らないＹさんがたまたま持ってきてくれたという夢みたいな奇跡（笑）！

5/17

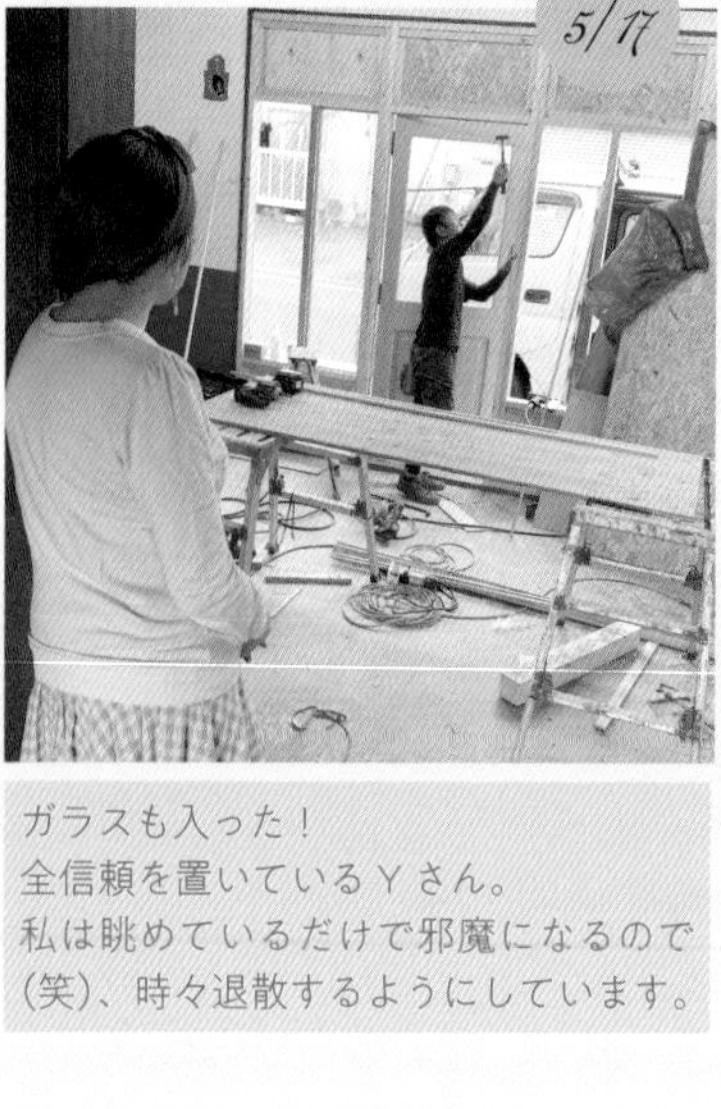

ガラスも入った！
全信頼を置いているＹさん。
私は眺めているだけで邪魔になるので（笑）、時々退散するようにしています。

5/9

入り口にパネルがついた。
ちょっとは形になってきたかな？

5/24

イメージの共有

什器の写真やお店の画像を貼り、
イメージを共有しました。

㊤夜に来て作業してくれた。
モールディングもついて、
ちょっと素敵になってた！
㊦ドアの下地塗り。この上から
ピンクを重ねていくらしい。

5/25

今朝、見に行ったら
外観にも下地が塗られていた！
お店っぽくなってきたかな。

5/26

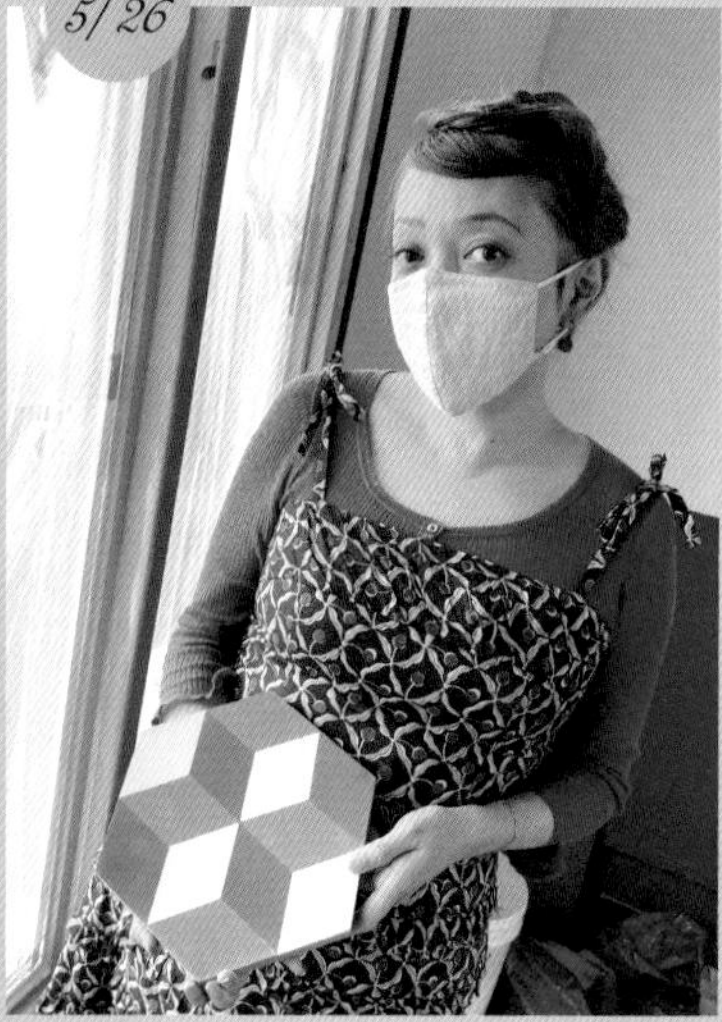

アンティークタイルが届いた。
フランスで１９００年代頃に
デザインされた伝統柄。
これを入口に敷く予定！

天井、壁、床、全面的に直し、天井
のパテ埋め、大々的な電気工事中。

この壁の四角いマーキングの場所に、
大きなアンティークの鏡をつけます。
夫の祖父母がヘアサロンで使ってい
た１００年以上前のもの。

5/27

天井が塗られていた！
遅くまでお疲れ様です。
私もまたサロンに帰って
仕事しなきゃ。

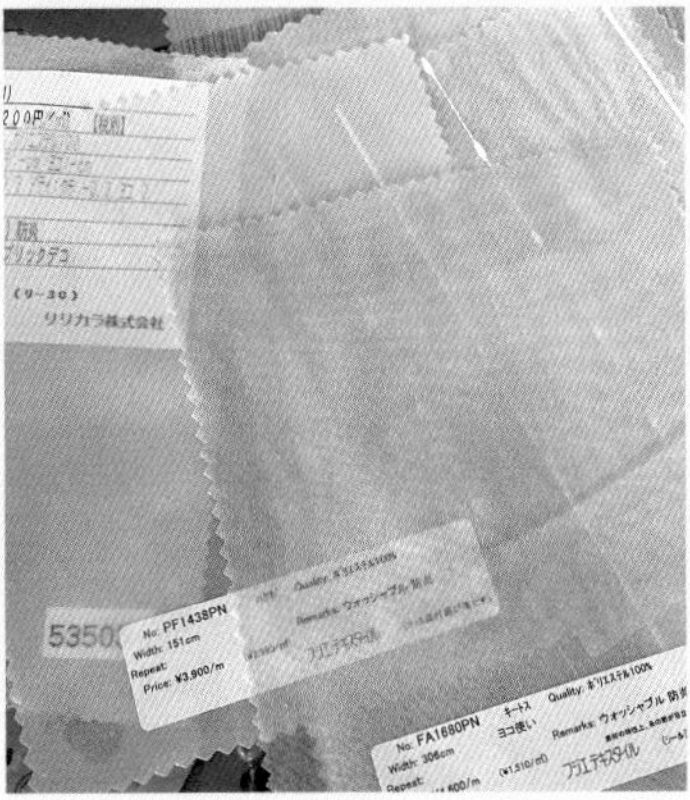

カーテンの生地選び。
やっぱりピンクかなぁ。

外観、壁の色、考え中。
このロゴはどこに使おうかな？

淡いピンクに。
二度塗りの一度目の塗装中。

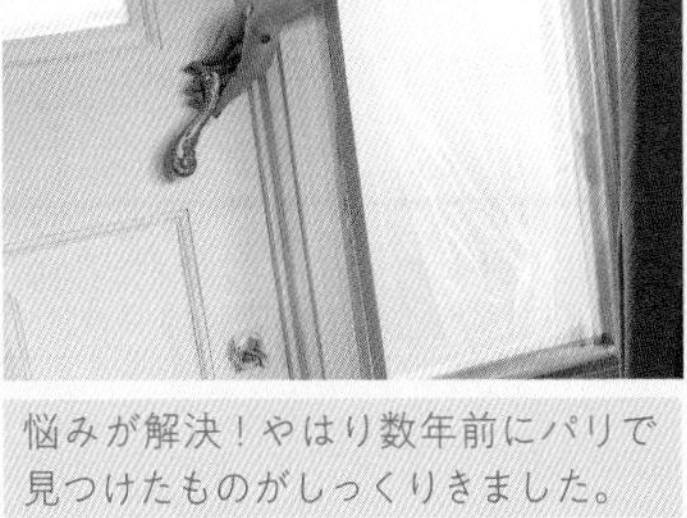

悩みが解決！やはり数年前にパリで
見つけたものがしっくりきました。

ドアノブ選び

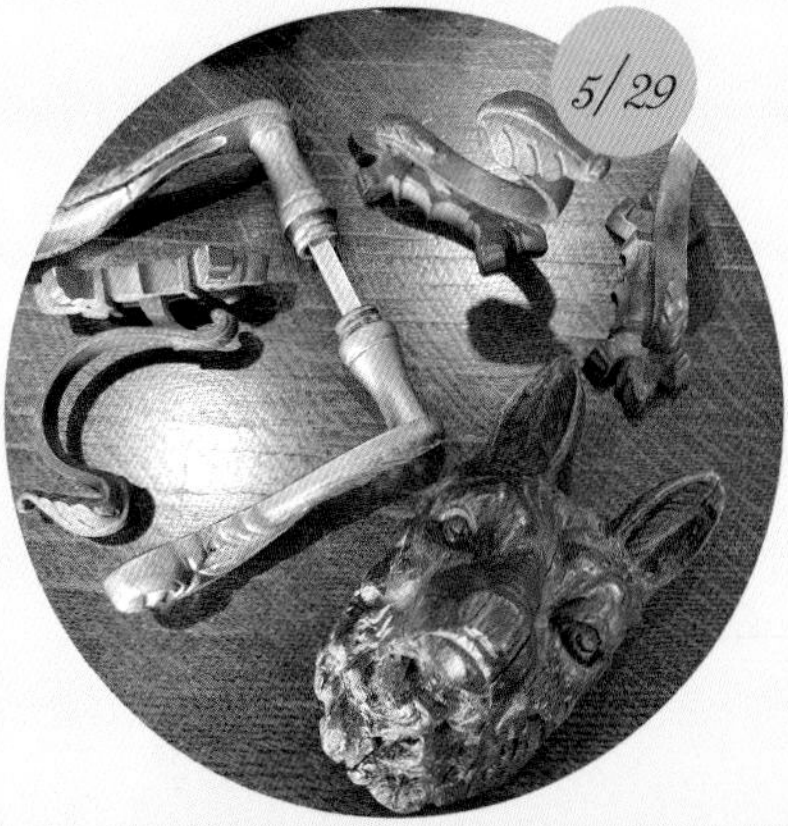

ドアノブのパーツ選び。
どれもパリで見つけたアンティーク。
いつか使うかな？くらいで買い溜めて
いた物たちが沢山出てきた！
でも理想形があるから、
日本のショップでも
必死で探し中（笑）。

Yさんは左官屋さんで大工仕事から何でもできる人。試行錯誤して作ってくれた理想の色を塗ってくれました。仕事早いし、助かります！

本当はもっと大きなハンドルを考えていたけど、これを合わせてみたら思った以上に可愛くて、このドアにつけるために選んできたの？と思ったくらい。アンティークならではの優美さ。

6/1

外観、内観、天井もピンクになった。あとは床の塗装。

5/30

今朝、ドアがピンクに！

こだわりの色で塗装

入口の段差にスロープを作りました。

スロープ部分にはこんな感じに
タイル装飾の予定。

6/3

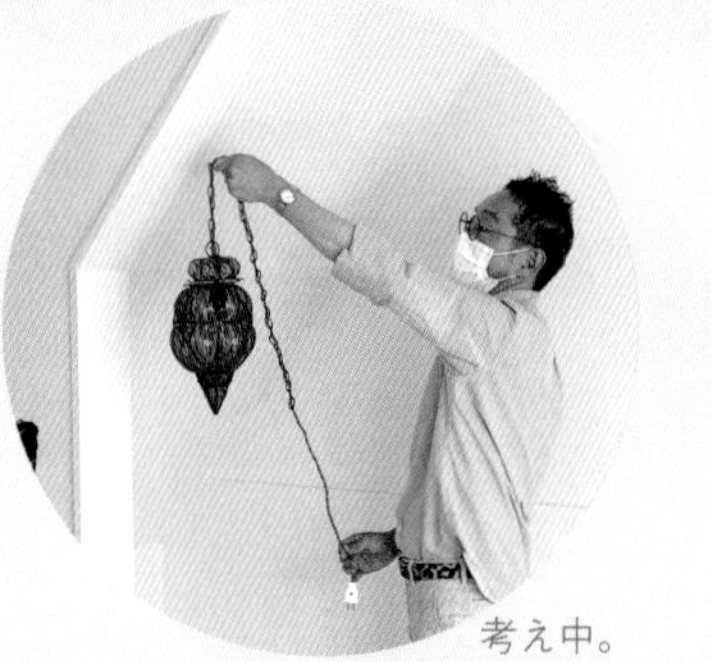

考え中。

今日は全ての照明が入ります。

アンティークのブラケットランプ。
20年以上前から倉庫で眠っていました。

キッチンと二階のもともとあった
照明も全て変えました。

クリスタルの鳥かごランプ。
これは結婚した24年前に一目惚れして買ったフランス人アーティスト、Mathieu Lusrerieの作品。
青い鳥が幸せを運んできてくれそう！

夜。照明も入り、床も塗装され、エアコンも入った。内装の壁はもともとは白と深緑のツートーン、床は深緑だったのですが、床は淡いグレーに、壁と天井はピンクに塗り直しました。店内は外観より淡い色調のほんのり優しいあたたかみを感じるピンク色にしました。

照明のセッティング

外灯もついた。

6/7

まぁるいランプはパリのシテ駅やギャラリーヴェロドダを思い出す。

リメイク・再利用

6/9

ヘアサロンがオープンした20年前に作ってもらったクッションカバー。こだわって選んだ良い生地だし思い出もあるので、フリルがついた丸いクッションにリメイク。
何でも新しいものを、と思っていなくて、気に入ったものは大事に形を変えてずーっと使いたいな。

6/6

貝殻みたいな屋根がついた！

夫、父、義弟、Yさんで鏡の取り付け。

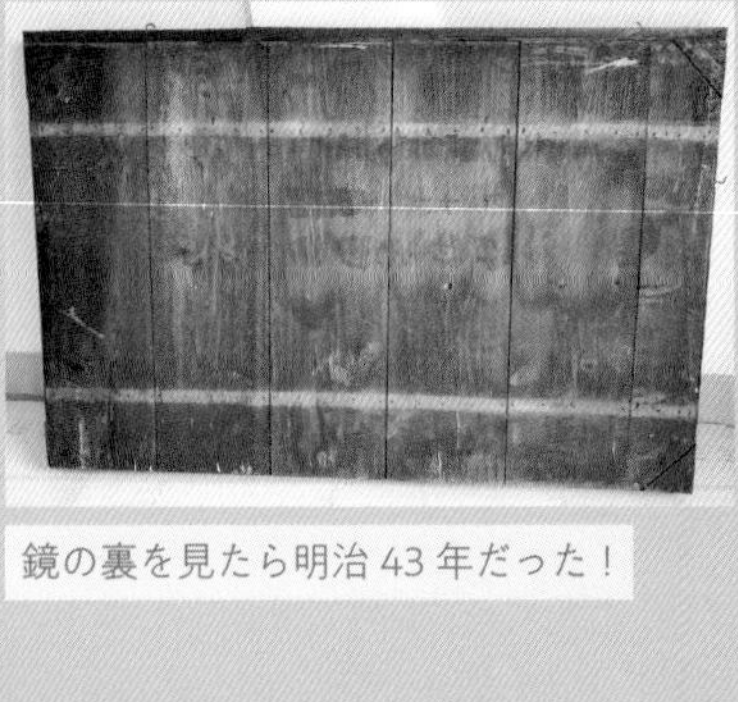

鏡の裏を見たら明治43年だった！

ギャラリーヴェロドダのような床にしたいので、こちらを貼ることに。

今日は朝からお店全体をクリーニングしてもらいました。

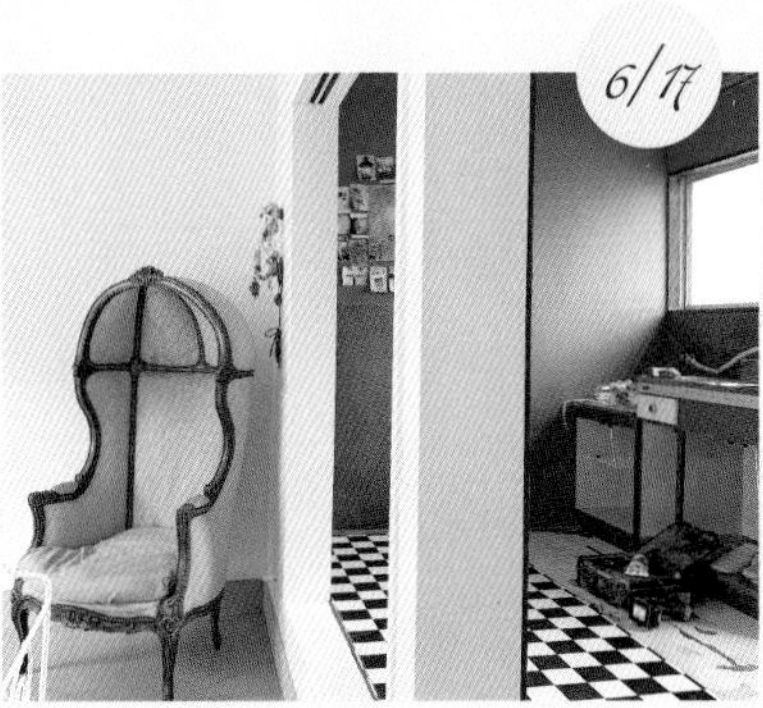

ギャラリーヴェロドダふう（笑）。

Instagram でアカウントを作成。

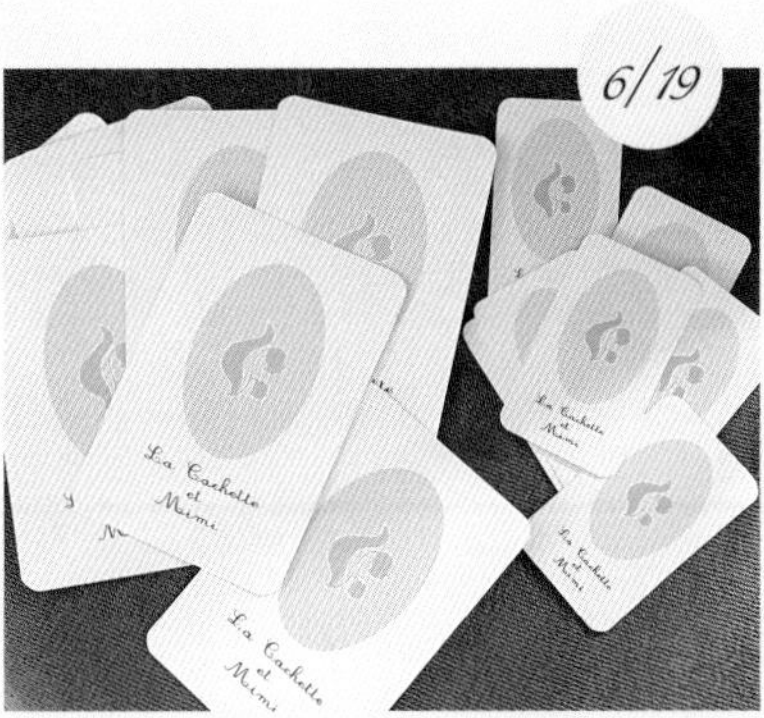

ショップカードと DM カードができあがった！

ねずみさん用のドアにお店のレリーフ、ピンクのシルクカーテンも手作り。

6/21

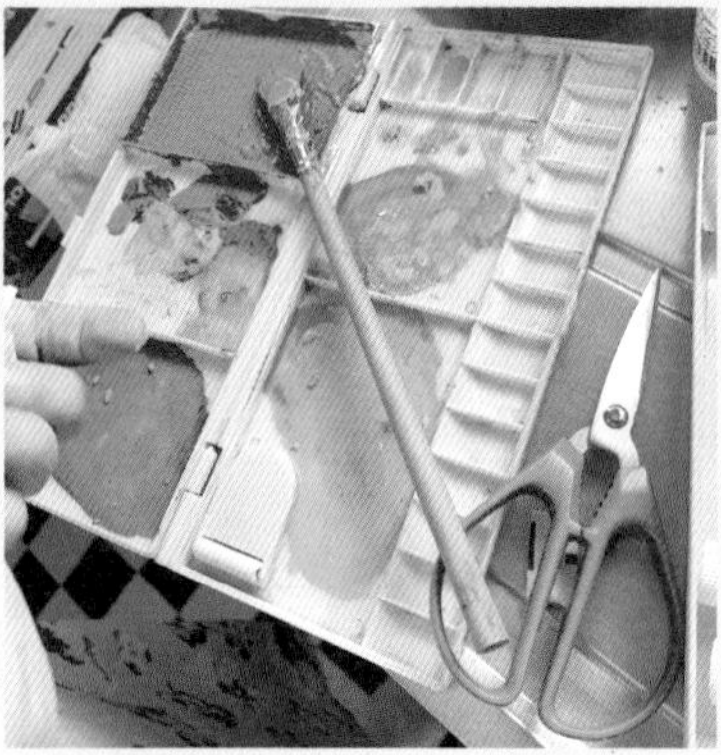

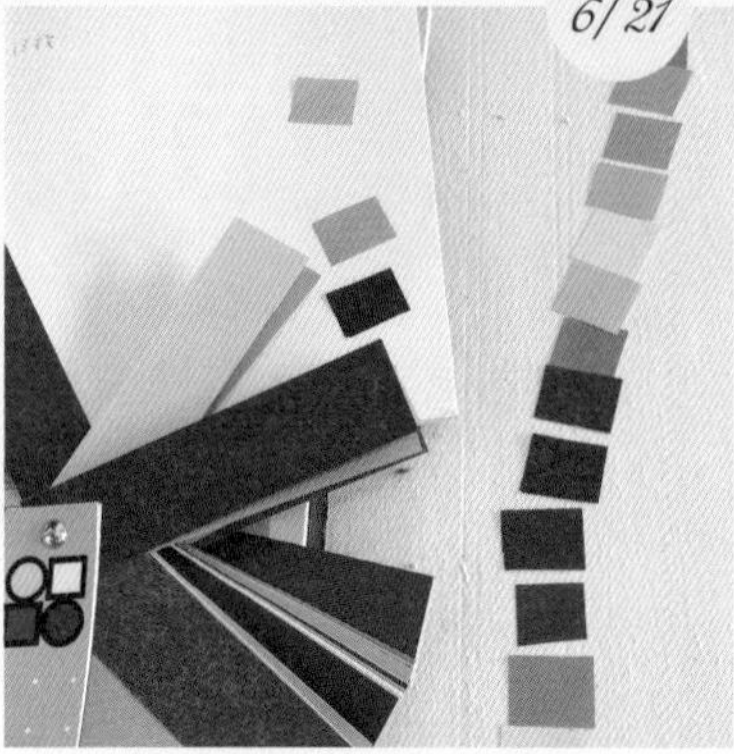

階段の色を考え中。結局、自分で塗ることに…。試しに色作り

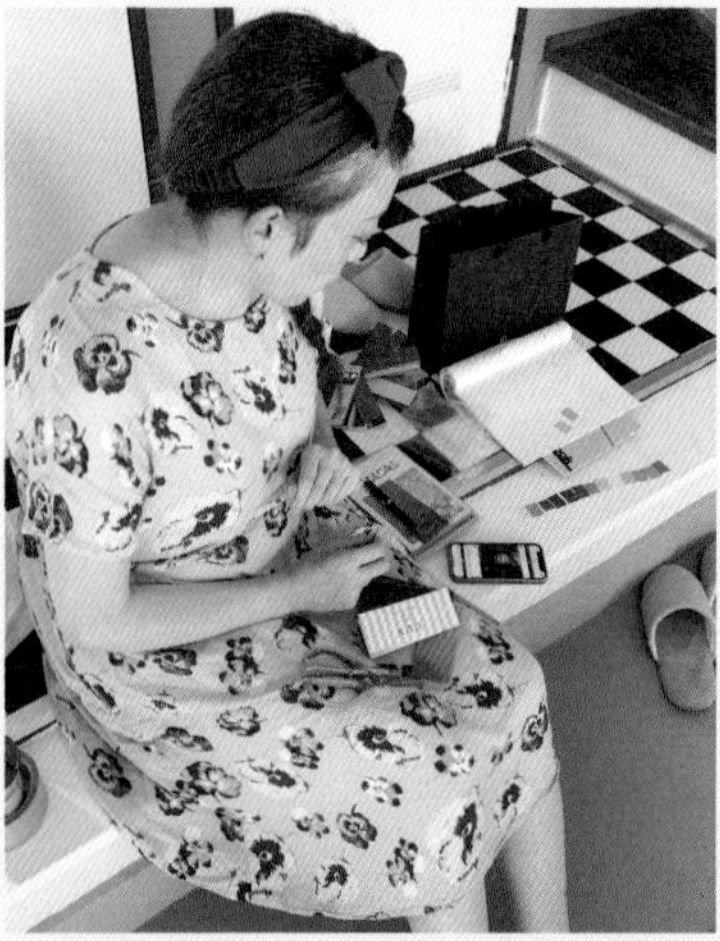

今日は一日、色塗りで終わった。
なぜ階段に一日かかったかというと、もとの茶色の上に白い下地を塗るのを3回も繰り返していたから。手間が…。
慣れないことをしたから疲労が激しい。

6/22

昼下がり、椅子にリメイク
クッションを付けた。

マスキングを取りのぞき完成！
ピンクのグラデーションから二階へ。

虹色の階段

レインボーカラーの階段！可愛くできました♡

タイルを置いてシミュレーション。

憧れのタイル

このタイルはフランスのアンティークデザインの伝統的なキューブ柄。
パリのビストロなどの床で見かけたりして、ずっといいなぁと思っていました。
フランス製の現行品ですが、日本のアンティークショップで購入しました。

いよいよカーテンの取付け。

ガーン !!

お気に入りの葡萄色のアンティークランプ、うっかり落として割ってしまった…。悲しい。

オーダーした美しいカーテン。
ドレープは通常の３倍にしてもらい、より理想的な空間になった。

アクセサリー用の布袋を手作り

お店を見守ってくれています。

雨降りの日。ピーコックグリーンの夢のあるキャビネットが届いた。
甘いピンクの空間に違和感なく溶け込みました。

七夕の夜。星に願いを…

manonboudoir の大好きなイラストを
お店に飾ろうと思います。

7/13

できるだけ自分で

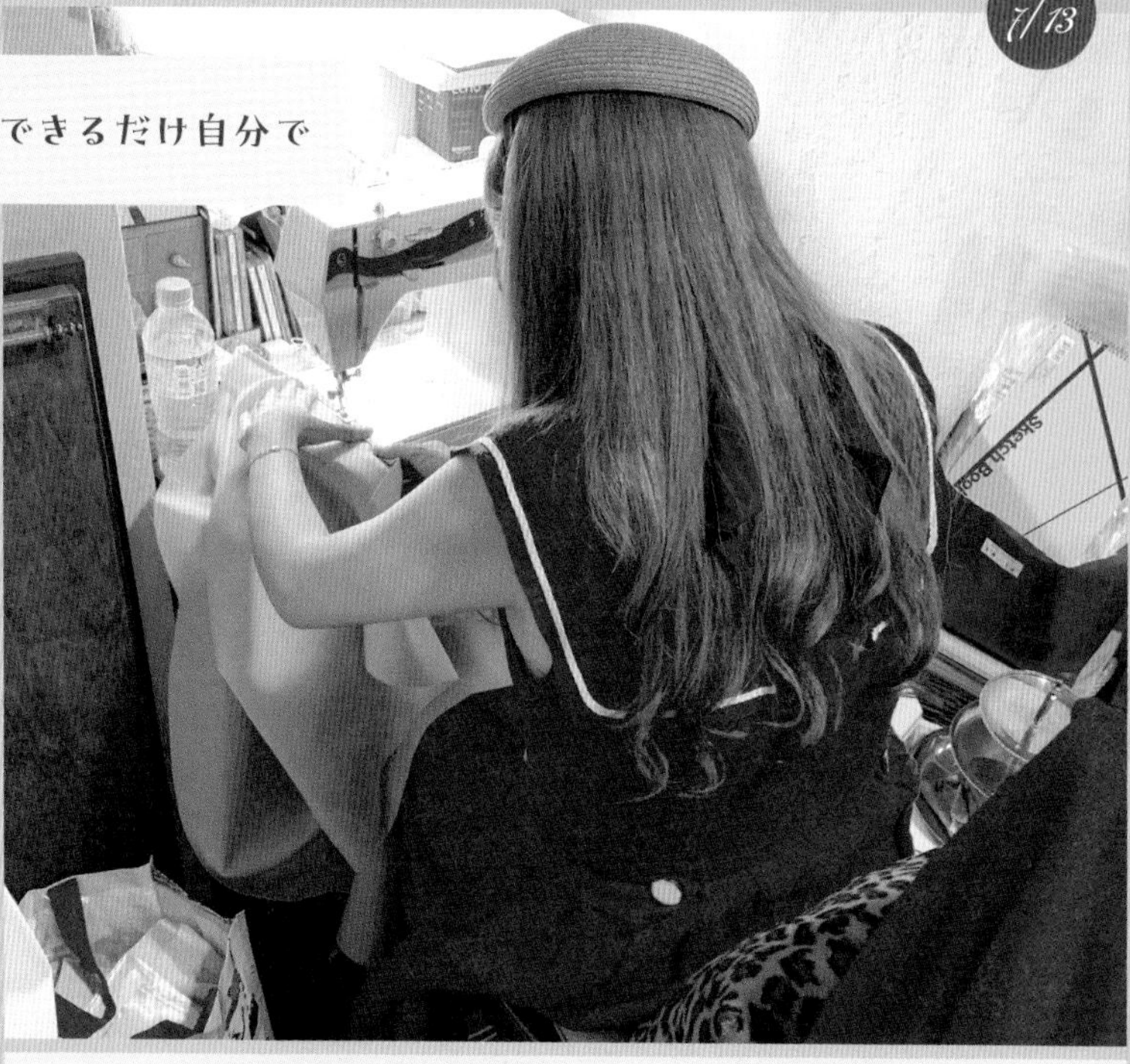

色々作るものが増えて毎日ミシン稼働中！ このミシンは小学生の頃から使っている古いもの。もはや友達？ いや幼馴染みのような…へんな親しみがある（笑）。

トワルドジュイ柄の布製
ドアストッパー。
いい香りがする。
（「Gault Parfumes」のもの）

アンティークのベビーベッドに
ピンクのベッドカバー。

父によるロゴマークのレリーフと、
ミニミニリボンバレッタ

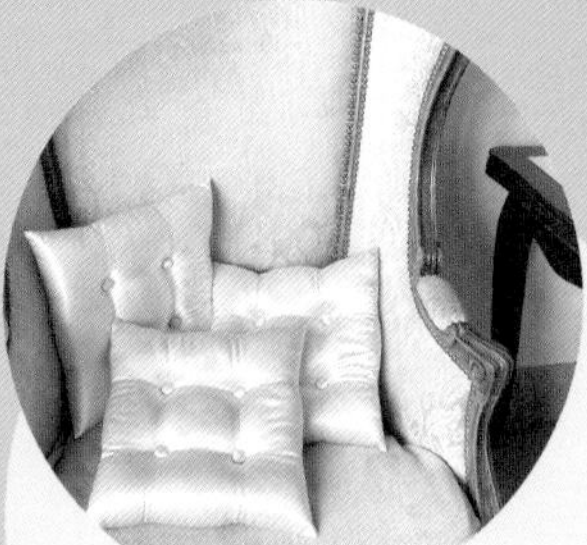

シルクのクッション。これも
いつかお店で使おうと思い
大切に保管していたもの。

7/14

ディスプレイ

大きなショーケースが入りました。たくさんディスプレイできそう…。

7/18

パリから商品が届いた。

7/19

外の看板が届き、ディスプレイ、値付けなど、集中できた日。開店まであとわずか…。

7/20

引き続き開店準備のディスプレイ。

気づくと深夜に！

7/21

La Cachette et Mimi　開店日！

私にとってピンクはロマンティックで可愛くて…一番好きな色。だからお店を作るとしたら、とにかくピンクに包まれたい！ 大好きなピンクに包まれて幸せな気分になる空間にしたいと思っていました。ピンクの空間に居たら、気持ちも優しくなり癒されると思うのです。そして古い建物というところも、とても気に入っていて、私の中では、ここはパリのアパルトマン、って勝手に思っています。たくさんの愛情と愛着を持って手をかけました。

ここは私の世界。私にとっての大切な、かけがえのない場所…なんです。

La Cachette
et
Mimi

一目惚れアイテムがみつかりますように…

私のようにお店をされている方、バイヤーさんなら、私も含めてみなさんに言えることだと思うのですが、お店で扱うもの、セレクトってオーナーさんの趣味や好みってかなり反映されますよね。ファッションでも言えることなんですが私はもともとレディライクなものが好きなんです。クラシカルで可愛らしいもの、カラフルなもの、明るく綺麗な色調、繊細なもの…。そんなこともあり、おのずとセレクトもそんな雰囲気のものが多いです。でも、色々なテイストの中から、これは！というものを探したいと思っているので、とにかく色々なものを見ます。そして私の目を通して選んだものを扱いたいと思っています。

ただ綺麗なだけではない、他にはない何処かキュンとするポイントがあるもの、少しだけクセがあるようなもの、身につけて楽しい気分になるようなもの、夢のあるデザインや今では見られない作りや装飾、素材…、理由もなくときめくものを常に探しています。無難なものより、一目惚れアイテムを！

サロンでは、パリの蚤の市でたくさんの物の中からじっくり丁寧にセレクトしたアクセサリーなどをご紹介しています。不思議なのですが、蚤の市ではいつも〝もの〟に呼ばれている気がするのです。「ここにいるよ」って。ふとした時にパッと目に飛び込んでくる。いつもいつも、そうやって素敵な〝もの〟との出会いを重ねてきました。もちろんアンティークやヴィンテージは出会い…。それに加えて直感も大切なのかもしれませんね（じつはこれ、私が一番大事にしていることです）。これからも美しくて可愛い、素敵なものとの出会いにワクワクしています。そんな出会いがありますように。皆さまにお届けできますように！

はいから屋の思い出

昔、実家の近くに「はいから屋」というお店がありました。いかにも昭和な雰囲気漂う古いテナントの中にあり、若いお姉さんが営む10坪ほどの小さなお店でした。ちょっとした雑貨やアクセサリー、奥には古着なども置いてありました。当時、地元ではまず見かけることがないような、雑誌「オリーブ」にも出てきそうなお洒落な品揃えに感激し、通い詰めるようになりました。

初めて買ったのは赤いチェックのバレッタ。裏を見るとmade in Franceの刻印があり、そこにもときめきを覚えずにはいられませんでした。古着、ヴィンテージ、アクセサリー、フランス…。今の私を形作るようなものとの初めての出会いはここだったのかもしれません。

はいから屋で密かにずっと気になっていたものがありました。

それはおそらくアンティークのお人形で、手の平ほどの大きさの2体の小さなベビードール。ただならぬオーラと不思議な魅力を感じた私は、どうしてもそのお人形が欲しくなり、しかも1人だけでは可哀想なので2人一緒に連れて帰りたい、と思い、値段もついていなかったので幾らするかも分からなかったのですが、ある日、思い余ってその2体を手に勇気を振り絞って「これください！」とお店のお姉さんのいるカウンターに持っていきました。すると「ごめんね、これは売り物ではないの。でもここに置いていたら、大抵みんなこの子たちを見て〝怖い〟っていうのよ。でも私は大好きなお気に入りの子達だから、あなたが欲しいって言ってくれてすごく嬉しかった、ありがとう」と言われたのです。

まだ子供だった私は売り物でないものを買おうとしたことに恥ずかしさを覚え、「ごめんなさい…」と逃げるように帰ってしまいました。今となれば良い思い出です。

あと、はいから屋で気に入っていたことの一つが階段裏でした。昭和の昔のテナントだったため、1階と2階がセットになった物件で、店の真ん中あたりに小さな急な階段があり、その階段裏の狭い場所がカウンタースペースになっていました。その狭い空間に座っているお姉さんの佇まいや雰囲気がとても可愛らしく見えて、私もこんなお店がしたいな、と憧れていました。

じつは今の私のサロンにも、そんな階段裏があります。はいから屋のあの階段裏とはまた雰囲気は違うのですが、この物件を見た時、なんだか嬉しくなりました。思いがけず、同じような昭和の2階付きの古い物件、階段裏…まるで、はいから屋みたい!! 考えてみたら少女の頃の夢が叶ったのです。

ファンシーショップで買い集めた色々な缶たち。
あの頃はこういう可愛い缶がたくさん売っていたので、見つければつい買ってしまう…。私みたいな人、きっといましたよね？

可愛いラッピング

中学生の私の週末のお楽しみは、お洒落な雑貨屋さんに行くことでした。はいから屋のほかにも、お気に入りの雑貨屋さんがいくつかあり、そのうちの一店でプレゼント用にラッピングをお願いした時のこと。お店のお姉さんが、綺麗な色の薄紙に包み、可愛いリボンを結び、そこにかすみ草のドライフラワーをちょこんと小さく切って、付けてくれたのです。その可愛くて素敵なセンスに感動してしまった私。こんな可愛いラッピングは見たことなくて、とにかく衝撃的だったのです…。

それからというもの、そこでは自分用のお買い物でも、いつもプレゼント用に、とお願いするように（笑）。家に帰ってからも、勿体なくてなかなか開けられず、嬉しくてずーっと眺めていました。そのお店にはプレゼント用に使うために、手作りと思われるドライフラワーがいつも壁に吊るしてありました。お姉さんが小さなハサミでお花を切る所作や、ラッピングのための沢山のカラフルなリボンが引き出しに並んでいるのを見るのも密かに好きでした。そんな小さなときめきが未だに忘れられずにいます。

素敵なラッピングってそれだけでもう…、中身を見る前から心浮き立ちますよね。私も今、自分があの頃に感じたようなワクワクを少しでもお届けできたらいいなって…。そう願いながら心を込めてラッピングをしています。

小さな視線

ある日、サロンで作業をしていたら、外から友達と話す、小学生くらいの男の子の声が聞こえてきました。

「ここはアクセサリーのお店なんだって。」

「へー、入ってみたいな、高いのかな？一万円くらいするかな？」

思わず笑ってしまいました。

子どもに褒めてもらえたり、気にしてもらえるって、最高に嬉しい。

私も子供の頃、時々通っていた大好きなお店がありました。そんな自分と思わず重ね合わせてしまいます。

サロンのピンクの外観も仕上がり、内部の壁も淡いピンクに塗られ、家具なども大体搬入し終わった頃。サロン内で細かい作業をしていたら、今度は小さな視線を感じました。窓の外を見ると、ランドセルを背負った小学生の女の子がじーっとこちらを見ています。外へ出ていき、

「ピンクが好きなのかな？中もピンクなんだよ。入ってみる？」

と声をかけると、その女の子は首を横に振りました。でも、何か言いたげな感じでモジモジしていたのですが、

「あの…、ここは…、本当に本当に綺麗です!!」と、一言。

「ありがとう。」

とお礼を言ったら、両手を顔に押し当てて真っ赤な顔をして恥ずかしそうに走って行ってしまいました。

あの女の子、またいつか来てくれたら嬉しいなぁ…。

あの頃のファンシーショップみたいに

子どもの頃は「ファンシーショップ」なるものが町にいくつもあって、そこに行ってちょっとしたものを買う、というのが楽しみでした。

ヘアゴムや筆箱、ハンカチや紙せっけん、キャラクターの貯金箱やらレターセット、小さなぬいぐるみ…、などなど。わけもなくそういったものを購入していた記憶があります。

限られたお小遣いの中で自分が欲しいものを選んで買う、という楽しさ。

休日には一人か、もしくは姉妹と自転車に乗って近所のファンシーショップをはしごしていました。

当時、ラッキーだったなと思うのが、家の近くにお気に入りのお店がいくつもあったということ。

個人でやっている小さなお店も沢山ありました。

近所の小さな商店街もまだまだ活気があり、八百屋さん、魚屋さん、お肉屋さん、それから酒屋さんもあれば文房具屋さんや本屋さん、おもちゃ屋さんまでありました。

大型スーパーに行かなくても大抵のものは揃ったのです。

夕暮れ時、歩いて母と夕食の買い物へ行ったことを時々懐かしく思い出します。

大人になって自分の子ども時代を振り返ると、そういったファンシーショップのようなお店に夢をもらっていたなと、つくづく感じました。

しかし時代が移り変わり、今はそういったお店も無くなってきて、寂しさを感じます。

私のお店もあの頃のファンシーショップみたいに、誰かにときめきや夢を与えることができたら、と願っています。

昔ファンシーショップで購入したカップアンドソーサ。よく見ると「It's a Sweet world for dreamer」「Sweet smile for you」と書いてあり、今でもときめきます。

第二章　エッセイ

Printemps

春

かけがえのないもの

いつの間にか集まったアンティークやヴィンテージの古いブローチたち。中にはアンティークとは呼べるほどのものではないものもありますが、いずれにしても時を経てきた古いものたちです。

私はどちらかというと新しいものより、古いものに心惹かれるんです。いつの時代、誰かのものであったであろう物、きっと大切にされてきたからこそ、今残っているのでしょうね。イギリスやフランスの蚤の市で手に入れたものや、日本のアンティークショップで買い求めたもの、子どもの頃からずーっと大事にしているブローチなどもあります。

金額や価値に関係なく自分が純粋に好きと思うものを基準に選んでいます。だって、他人が見たらガラクタのようなものでも私にとっては宝物だったりするので。

ドレス

私は自分なりの価値観で歳を重ねていきたいなと思います。
何を選ぼうと、何を着ようと、決まり事なんてない…。自由なんですよね。
“今”の気分で生きていれば。人生を楽しまなくちゃ。

私はお洋服のアイテムの中ではいちばんドレスが好きです。

ドレスってそれだけで女性らしさがあるし、一枚で完結するっていう気楽さもある。それこそ華やかな柄のものは一枚でさらっと着るだけでサマになるし、シンプルなドレスにヴィンテージのネックレスやブローチなどをつけて自分らしいアレンジをするのも好き。スカーフを巻いたりカーディガンなどを重ねるのも大好き。

今はシーズンレスなお洋服が多いので昔みたいに季節を気にしすぎることもなくなり、ますますお洒落の幅が広がって楽しいです。もちろんTPOは大切にしたいし季節感というのはあったほうが良いとは思いますが、好きなものを自由に組み合わせて素敵なら…、自分が「好き」で心地良いなら、何でもオッケーだと思います。

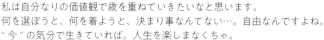

古いものの魅力

パサージュ・パノラマのブロカントにて

古いものの良さはなんでしょうか。時代を経て色んな人の手に渡り大事にされてきたもの…。

その時代の空気感までまとわりついているような、なんとも云えない〝もの〟にオーラがあるのです。

古ぼけていたり、色褪せていたり、剥げていても、それが味になっていたり。

そして何より「出会い」のような気がして、連れて帰ってきてしまうこともしばしばです。

少女文学

懐かしい本の匂いや活字の感じ…、ちょっと怪しげな挿絵…。
一気に昔にタイムスリップしてしまいます。

小学生時代、病弱だったこともあり、とても内向的で手芸をしたり、本を読んだりしているようなタイプでした。学校の図書館も大好きで、よく本を借りてきては読みふけっていました。

今となってみれば、あの頃に色々な読み物に出会ったことはとても良かったと思っています。伝記なども好きでしたが、少女時代に夢中になったのが偕成社の少女名作シリーズです。全部で40巻あり、色々な国の少女向けの物語が揃っていました。自分の知らない国の物語を妄想と想像を膨らませてワクワクしながら読んでいました。

特に好きだったのが「小公女」「若草物語」「ひみつの花園」などで繰り返し読んでいた記憶があります。海外に興味を抱いたのも、これがきっかけなのかもしれません。

ピンクの魔法

昔、あるカフェでとても素敵なおばあちゃまマダムに出会ったお話です。

その方はお一人でいらっしゃったのですが、全身ピンクの装いで只者ではない素敵なオーラが漂っていました。

ピンクのレースがついたクラシカルな雰囲気の可愛いドレスにパールのネックレス、白髪の髪を無造作にまとめ、小さなお花がついた可愛らしいピンクのニットのヘアバンドをつけていました。そして手にはヒョウ柄の手袋…。

ああ、なんて素敵、かっこいいんだろう…。

美しい横顔からも品を感じ、目が釘付けになりました。彼女にはそのスタイルがとても似合っていたのです。自分のスタイルがあるって素敵！

私もいずれあんな風になりたい！

そう強く思い、計画続行中です。

ディオレット

可愛いものや素敵なものを手に入れると「明日から仕事頑張ろう！」と思ったりして、単純ですが（笑）先行き明るい気がします。

ジュエリーも夢のあるものが好きです。クリスチャン・ディオールのファインジュエリー、Diorette（ディオレット）。このリングを初めて見た時から心を奪われてしまいました。色とりどりのお花がたくさん咲くお花畑、そこに迷い込んだ蝶々やてんとう虫…。まるで宝石でつくられたお花畑のようで、物語を感じました。

デザイナーのヴィクトワール・ドゥ・カステラーヌは、ディオレットのイメージを「白雪姫のためのリング」と発想したそう。ファンタジックですよね。イエローゴールドにアメジスト、蝶々にはダイヤモンドが輝いています。お花や蝶々の色彩はパリの宝飾技術の賜物である漆技術（ラッカー）だそう。遊び心と夢のある本物のジュエリー、最高です。

シェルブールの雨傘

ドヌーヴのファッションは、どれもカラフルで可愛らしくも品があり、今見てもとても素敵で洗練されています。
よく見ると上手に洋服を着まわしていたり、同じデザインの色違いだったり。
また映画の中で着ているバーバリーのトレンチコートはあまりに有名ですね。

ジャック・ドゥミ監督の「シェルブールの雨傘」(1964)。今まで何度観たか分かりません。

フランスの港町シェルブールを舞台にした切ないストーリー、ミシェル・ルグランの美しいメロディー、そして色とりどりの傘をさした人々が行き交うシーン…。

主人公演じるカトリーヌ・ドヌーヴはまるで宝石のように美しい。

初めて観たのは10代の頃ですが、こんなに美しい世界があるんだ!と衝撃を受けました。

映画の中に出てくるファッションやインテリアなどもトータルで美しくて…。

私の大好きな映画のひとつです。

スズラン

かなりボリューム感があり、中指にはめると手の上に、こぼれそうなスズランが咲いているみたい！

クリスタルの輝きは本当に美しく、うっとり眺めてしまいます。


5月のパリ。路上でのスズラン売りをよく見かけました。

フランスでは5月1日はミュゲ（スズラン）の日とされていて、家族や大切な人にスズランを贈る習慣があります。

花言葉は「幸せの再来」。

スズランをもらった人には幸せが訪れそうですね！

可憐で可愛らしいスズランのお花…。

子供の頃からこのお花が大好きでした。

私のサロン「Mimi」のロゴマークもスズランのモチーフです。

そんな大好きなスズランのリングをパリで購入しました。ずっと欲しかったラリックのミュゲリングです。

たくさんのクリスタルのスズランがキラキラと輝きます。

レースのない人生なんて

ヴァレンティノのカラフルなレースのスカート。
ピンクのグラデーションのものはアンティークです。

レースも永遠に好きなもの。

美しいレースを身に纏うことができるなんて最高に贅沢で幸せ。レースのドレスやスカートも私の定番となっています。

繊細で美しいリバーレースのお洋服は着心地も軽くて羽根のよう。レースから肌が透けて見えるのもとても好きです。

美しいレースって宝石に匹敵しますね。まさに布の宝石…。

一度レースの世界に迷い込んだら、その美しさと素晴らしさに夢中になりました。大袈裟でなく、レースのない人生なんて、と思っています。

リモージュ・ボックス

リモージュ焼きは、フランスの中部にあるリモージュという街で生み出される陶器で、全工程が全て手作業だそうです。古くからフランス王室の陶器を作ってきた歴史を持つ、高級な陶器として有名です。鳥かごのものは下が小物入れになっていますが、止め金具にも小鳥のモチーフが。こういうものって洗練されていて、可愛らしいので見るだけで幸せな気分になります。

小さくて、可愛いけれど実用性に欠けるもの…。でも、持っているだけで幸せな気分になるもの。リモージュ・ボックスは私にとってそんな存在です。初めて手にしたのは南仏へ行った時。リモージュ焼きの専門店を見つけました。小さな店内に所狭しと並んだ綺麗で可愛い小さなリモージュ・ボックス。時々、日本で似たような陶器のピルケースを見かけたことがありますが、それとは醸し出す雰囲気が違っていました。色合いやデザイン、細部にこだわった作り…。こんな素敵な物があるんだって感激したのを覚えています。そこでは自分用に2つ選んで購入しました。夫からのプレゼントの物もあります。小さいけれど高価なので、そうたくさんは買えませんが少しずつ集めています。

お人形や小物の作り方、刺繍などの「もの作り」コーナーがあり、それを見ながらよく作りました。でも、子どもの私には上手に作れなくて…。そんな時、「今回もし失敗しても、泣かないでね。いつかきっと、上手にできるようになるわ」という みるく先生の優しいメッセージにどんなに励まされたかわかりません。今の私の土台のような物を作ってくれたのもこのエッセイ、と言っても過言ではありません。

みるく・びすけっと・たいむ

懐かしい思い出ですが、小学生の頃、サンリオの「いちご新聞」を定期購読していました。そこに毎号連載される青山みるくさんの「みるく・びすけっと・たいむ」というエッセイのコーナーが大好きでした。

青山みるくさんの描く絵の可愛らしさはもちろん、温かみのある文字、ハートフルな内容…、とにかく彼女の世界観に夢中になりました。提案する日々の暮らし方や楽しみ方、また映画やおしゃれのこと、手作りの楽しみ…。本当に夢のある内容だったのです。多感な少女のころに出会えて良かったなぁと思っています。

そんな「みるく・びすけっと・たいむ」の連載を本にまとめたのがこの2冊。私の永遠のバイブルであり宝物としてずっと手元に置いています。

着物ってお城に合うな

アンティークの着物にはよくアンティークのブローチを合わせたりしていました。髪飾りや帯留めに使ったり。特に優しく甘い色調のセルロイドのブローチを合わせるのが好きでした。
フランスで着物を褒められたことに味を占め、その後も着物を持って渡仏したりしましたが、今ではもうしなくなりました（ただでさえ荷物が多すぎるので）。

お花を学んでいた頃、フランスのロワール地方、アンジェにあった学校へ、お花仲間の方々と研修旅行に行った時のこと。

アンティークの着物が大好きで当時は普段にもよく着ていたこともあり、お城でのパーティーに大正時代の着物を着て行きました。

日本の民族衣装を着て行ったということで、フランスの方々にとても喜ばれ、褒められました。正直、何を着ようかと迷ったのですが、着物にしてよかった！

いざという時、やっぱり日本人には着物が一番だなって再確認したのでした。そして着物ってお城に合うなって、思いました。

宝石箱にしまった宝もの

リボンがついた宝石箱と小箱は布を貼り、アンティークのレースやリボンをつけて自分で作った宝石箱に、あの頃の宝物を大事にしまっています。

おもちゃの指輪やネックレス。それから大好きなウサギの柄や可愛い刺繍の小さなハンカチなど…。当時、少しずつ買ってもらった「宝物」を集め、それはそれは大事にビスケットが入っていた綺麗な模様の空き缶の中に大切にしまっていました。

少女だった頃の「宝物」はもちろん今でも宝物で、今でも持っています。

数年前、パリのおもちゃ屋さんで子供用の宝石箱を見つけ、あまりの可愛さに購入してしまいました。

ピンク色で蓋を開けるとオルゴールが流れバレリーナのお人形がくるくると踊る仕掛けになっています。

子どもの頃に、こんな夢のある宝石箱に出会ったら、私はどんなふうに思ったのでしょう？

微笑みのパンジー

にっこり顔のパンジーたち。

なかにはよく見ると酸っぱいような顔した子もいます（笑）。


パンジーってなんとなくですが、私には「顔」のように見えるんですよ（笑）。それも愛嬌にある。笑っているようにも見えますよね。

微笑みかけられて、こちらまでにっこり、ハッピーな気分になります。

そんなこともあり、好きなお花のひとつでもあります。

花言葉は「私を想って」だそうです。

何だかロマンテックですね。

憧れの人、ジュエリーデザイナー山吹祥子さん

ケルシャンス（Quelle Chance）のデザイナーの山吹祥子さん。私の大好きなジュエリーデザイナーであり、ずっと憧れてきた人。

20年以上前に、ファッション雑誌で初めて祥子さんを見た時、あまりにお洒落で美しく、素敵な方で…、一目惚れしてしまったのです。ずっと勝手に憧れを抱き続けてきました。実際にお会いできたのは6年ほど前。大袈裟ですが、長い片想いが実った！　くらいの気持ちになりました。

お人柄も含め、私の永遠の憧れ。私が進みたいと思う先にはいつも素敵な祥子さんがいます。夢のあるジュエリーが大好きなので、もう無難なものは要らない、心に響くものしか買わない、と心に決めているのですが…、祥子さんの生み出す作品にはいつも心奪われ、

ケルシャンスのジュエリーは繊細で可愛らしいデザインでありながら、それだけではない、何か、があるんです。ただ可愛いだけ、じゃない魅力。
それって恐らく、ものに宿るキラキラした魂みたいなものなのかも。
ひとつひとつ、手をかけて愛情込めて生まれたもの…。
作り手の想いってその物に宿りますよね。

夢の世界を見せていただいています。

祥子さんは乳がんというご病気を抱えながらも、精力的にお仕事もされています。そのお姿にいつも感動し尊敬の念を抱かずにはいられません。

病気になったからといって社会から自分を遠ざけることはないんだって、祥子さんのメッセージに勇気や希望をいただきました。

今、私がこうして前向きでいられるのは祥子さんのおかげでもあります。

ジュエリーを通してピンクリボン運動（乳がんの啓発活動）も広められています。

この祥子さんの素晴らしい活動がもっともっと多くの方々に広がっていきますよう心から願っています。

ミニマリストにはなれない

私はミニマリストには到底なれそうにありません。
逆にマキシマリストとして、たくさんの大好きな物たちや思い出と共にずっと楽しんで生きていきたいなと思っています。

ヴィンテージを愛する私は、もともと古いものが好き。

そもそも古くなったから着ない、という理由はまずあり得ないし、流行を追ったファッションを好んで着ることもないので、今は流行らないから、という理由も存在しません。その分こだわって物を選びたいし、購入したからには末長く大事にしたいです。

物を大事にする、っていうのは私の中の根底に根強くあることです。

世の中、色々な考えやセオリーがありますが、それだって誰かが決めたこと。何が正しいとも言えないと思うのです。色々な人のそれぞれの考えがあっていいとも思います。

その中で自分がいいと思えば、それが自分にとっての正解…。

そんなルールに縛られることなく、結局ファッションって楽しんだ者勝ちな気がします。

小鳥

私がデザインして作ってもらったオリジナルのピアス。

モチーフは小鳥（インコ）です。

夫婦で経営しているヘアサロン「La Casita」のロゴマークも私のデザインなのですが、そこに使われている屋根の上に止まっている小鳥なんです。

実家の父が小鳥好きということもあり、子どもの頃からわりと小鳥のいる生活でした。

そんなわけで家族みんな小鳥好き。

結婚して実家を出てからもずっとインコを飼っています。

小鳥ってほんとに可愛い…。私を癒してくれる存在です。

すてきなポプリ

子ども向けながら、実にいいことがたくさん書かれています。
「心のポプリ」という題名で、ポプリは作った人の人柄が出るということが書いてあり、ずっと優しい気持ちを持ち続けましょう、というメッセージが。
今の女の子にも読んで欲しいなぁ。
昔読んだ本を開くと、昔のともだちに再会したような気分になりますね。

小学生の頃「なかよし」とか「りぼん」といった少女向けのマンガ雑誌がありましたが、私は「なかよし」派でした。最近部屋を整理していたら、なかよしホビーランド「すてきなポプリ」が出てきて、懐かしく思いました。
そういえば当時、ポプリが流行っていて、ポプリ作りにも憧れていたっけ。この本をきっかけに香りに興味を持ち、自然にも目を向けるようになった気がします。子どもの頃は、材料を買うことができず、野原に咲いているお花を摘んできたり、オレンジの代わりにおやつで食べたみかんの皮を乾燥させたり、ウッディーな香りにしたい時は、鉛筆の削りカスを入れたり…。かなりオリジナルなんですけど（笑）、工夫して自己流ポプリを作っていました。

旅の必需品 Roll bahn の手帳

手帳にはその時々の事を書いたりしています。道ですれ違った素敵なマダムがいたら、その場でスケッチ、イラストで残したり。後ろのほうには透明なファイルが何枚か付いているので、ショップカードなどを入れたりと重宝するし、ゴムバンドも付いているので安心感もあり…本当に使える手帳です。
こうやって事前に調べたことをノートに書いておいたりするのってとても楽しい作業だし、旅立つ前からワクワクが募ります。

なんでも記録に残しておきたくなる性分なのは子どもの頃から。もともと記憶力が良いのが私の取り柄だと思っていましたが、それでも細かいことは時とともに忘れていくことも多いので、小さくメモしたり、記録に残しておくと後々よかったなって思うことがあります。

私が旅に出る時に、必ず持っていくもの。「Roll bahn」の手帳です。程よいサイズ感や、書きやすさが気に入り、これが定番に。

表紙が色々なカラーバリエーション、絵柄があるのでその時の気分に合わせて選んでいます。旅立つ前に毎回一冊購入して、現地での情報やお土産リストや大事なことを事前に書き留めておき、現地では、日記を細かく綴ります。

旅の後で見直すと、些細な感動がとてもキラキラして見えるんです。

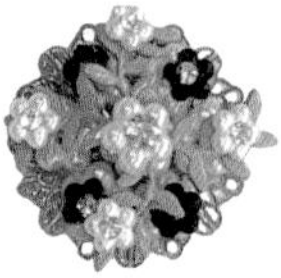

クリスチャン・ディオールのシルクのコート

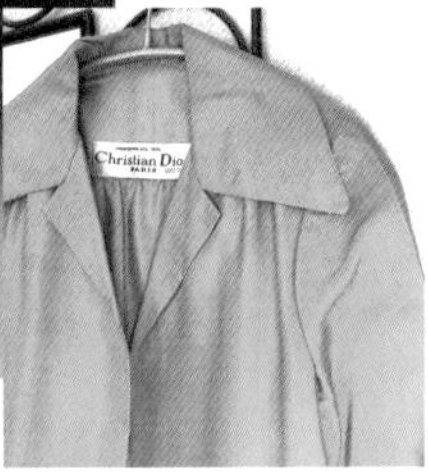

決め手になったのは「PRINTEMPS — ETE 1974」とあり、1974年の春夏のもの!! 勝手に運命を感じてしまいました。とても滑らかな上質なシルク、そしてディオールだけあって仕立ても ものすごくいいんです。このコート、ただならぬオーラを発していました。

ずいぶん前に手に入れたクリスチャン・ディオールのシルクのコート。

綺麗なエメラルドグリーンの色とシンプルでありながらエレガントなデザインに惹かれました。

今では見られないような手の込んだ刺繍やレース、ひとつひとつ、手をかけてつくられたであろうヴィンテージのお洋服たち。大量生産ではない時代の素晴らしい手仕事を見たときの感動…。

そんな素敵な、うつくしいヴィンテージに出会ったときは、本当に恋に落ちたかのような幸せな気持ちになるのです。そして何より、人と被ることがない一点ものというところもいいですよね。

虹色

とにかくカラフルに彩られた世界が大好きなんです。お洋服やジュエリーも、素敵なレインボーカラーのものを見つけると、素通りできません（笑）。

「Marie Helene de Taillac」のレインボーネックレスは一目惚れしてしまい、長年欲しくてやっと購入したもの。希少で日本ではなかなか買えずにいたところ、17年ほど前に、パリのショップで見つけたときは運命を感じました。

イニシャルペンダントは最近購入しました。どちらも22金に虹色に並んだサファイアが美しく輝きます。

どんなものも普段からどんどん付けて楽しんでいます。だってジュエリーは着けてこそ輝くもの、だと思うので。

石の持つエネルギーと、オーラを受けながら自分もキラキラ輝くのです。

ピエロのネックレス

このネックレスを初めて見た時、とても心躍る気持ちになったのを覚えています。

フランスの「Paola」というデザイナーのものでピエロの顔は全てシルクに手描き、どれも違った表情に見えます。

そしてお花は1920年代のものが使われていて、ひとつとして同じものがない、というところにも惹かれました。

このネックレスのインスピレーションのテーマは〝テアトル〟だそう。

とてもロマンティック…。

なにより、こんな風に情熱や愛情をかけて作られたものがあるっていう事も素晴らしいと感激。大量生産でない、良き時代のもの。

実際身につけてみるといつもの装いがぐんとドラマティックになります。

Été

夏

双子の姉妹がかぶっていた帽子

映画の世界を思い切り堪能したかったので、帽子に合わせてお洋服も60年代のピンクのワンピースを着て、もう気分はすっかり映画の主人公に。

人生は一度きり。幸福は歌って踊って掴むもの！

人生にはカラフルな彩りが必要なんです。本当にそう思います。

夢にまで見た映画の舞台、美しい色彩で彩られた街をピンクの衣装を纏い、歌いながらスキップしながら至福の時間を過ごしました。


２０１６年夏、フランスのロシュフォールで映画「ロシュフォールの恋人たち」50周年を祝うイベントがありました。

長年、それには必ず行こう！と心に決めていたのですが、その時に絶対必要、と思っていたのが主人公の双子姉妹がかぶっていたお花の帽子でした。そこでパリにある小さな帽子のアトリエでオーダーメイドで作ってもらいました。いかにもコスプレみたいのは苦手なので、映画の中に出てくるデザインに忠実でありながら、今の装いにも合うような、品の良い雰囲気にしたくて…。オーダーしてから3か月ほど待ち、ようやくパリから届いたピンクの美しいカプリーヌを見た時の感激は忘れられません。今ではキラキラした思い出も詰まった宝物です。

フランスを感じる香り

ルネ・フルトレールの本店はパリの中心部、マドレーヌ広場にあります。閑静な中庭に面したお店でとても落ち着く素敵な雰囲気。ヘッドスパはもちろん、ヘアサロンもあり、カットやカラーなどもできます。
ここで日本未発売のもの購入して、滞在中はホテルで試しに使ってみるのも旅の楽しみのひとつです。

長年にわたり、ルネ・フルトレールのヘアケア製品を愛用しています。
フランスで1957年創立されたスカルプ&ヘアケアブランドで、植物から抽出したこだわった成分をふんだんに配合したもの。頭皮や髪のタイプに合わせて種類が豊富、何より安心して使えるのが魅力。そんなこだわり抜いた製品の内容も素晴らしいのですが、私は特に香りが良いところも気に入っています。
毎日使っても飽きない自然の香り。そして私にとってフランスを感じることができる香りなんです。
そんな香りに日々癒されてます。

初夏の香り

そういえば10代の頃、はじめて自分で買った香水はDiorの「Diorissimo」。スズランの香りでした。今はCaronの「Muguet du Bonheur」（こちらもスズランの香り）を愛用しています。

好きなお花はたくさんあります。

すみれやパンジー、ひなぎくも好き。

だけど、昔から一番好きなのはスズランでした。

あの白くて可憐な小さなお花にずっと惹かれ続けています。香りも大好き。

その他に、好きすぎて私の中で殿堂入りしているお花は、バラ…なんです。

バラは私にとって別格で特別な存在。

華やかで美しいバラ柄のお洋服もついつい集めてしまいます。

アクセサリーやお洋服に自分の好きなお花のモチーフを集めていくのも楽しいですよね。

バラの香りはLes Parfums de Rosine Parisが好きで、爽やかさのある「Un Zest de Rose」が特にお気に入りです。

セルロイド

セルロイドは高価な象牙の代用品（アイボリー）として使われたり、アクセサリー以外にも玩具などにも使われていたみたいです。
ブローチの装飾などをよく見ると本当に細かな細工や彫りが施されています。
当時の日本人職人さんの繊細さが伺えて嬉しくなります。

砂糖菓子のような愛らしく繊細な色合いや独特の艶感、時代を経てきた色褪せたやわらかい風合いなどが好きで、ヴィンテージのセルロイドのアクセサリーを集めてきました。

ブローチは髪飾りとして使ったり、着物を着たときに帯留めにすることも。

そもそもセルロイドはプラスチックが出回る前のもの。昔、日本でも作られており、アメリカやヨーロッパにも輸出していたそうです。当時、海外でもとても人気だったとか。

何十年もの長い年月を経て日本に里帰りしてきた可愛らしいセルロイドのアクセサリー。

そう思うと無性に愛おしくなりませんか？

憧れの街　ロシュフォールへ

3日間にわたる50周年のイベントは映画と同じく町の中心部にあるコルベール広場で開催されました。1日目のメインイベント、フラッシュモブには念願叶って夫婦で参加できました！2日目の夕方からはミシェルルグランの野外コンサートがあり、コルベール広場で「ロシュフォールの恋人たち」の音楽を、しかもルグランご本人による演奏で聴ける幸せ…、なんとも感慨深く、永遠に覚めてほしくない夢の世界にいるようでした。

フランス南西部にある小さな入江の町、ロシュフォール。

大好きな映画「ロシュフォールの恋人たち」が撮影されたところです。

2016年の夏、この映画の50周年祭が開催されると知り訪れました。

パリからTGVに乗り、ローカル線に乗り換え3時間半ほどの道のり。

ついに長年ずーっと憧れ続けた場所、ロシュフォールの駅に着いた時に感激でいっぱいになりました。おとぎ話に出てきそうな駅にも心踊りましたが、なんといってもカラフルに彩られたロシュフォールの町は映画そのものだったことに感動。

町中が映画50周年を祝ってお祭りムードでした。私もスキップしながら町を歩きました。

なんだか映画の中に迷い込んだような、そんな気分になったのです。

CHEMINS DE FER DE L'ETAT
GARE DE ROCHEFORT

BRASSERIE
DES Demoiselles
contact@brasseriedesdemoiselles.com
evian

賢島の松井眞珠店の真珠に憧れて

松井眞珠店は創業明治38年の老舗。趣のある歴史を感じる店構えです。
通販などもしていないので、なかなか買えない、というのもまた今の時代には貴重だと思います。このジュエリーのために賢島に行く価値はあります！

高校時代、愛読していた雑誌「オリーブ」に連載されていた「あこがれ図鑑」。そこに「世界で一番かわいい真珠やさん」と紹介されていたのが三重県賢島にある松井眞珠店でした。

ルビーに小さな真珠をあしらったお花型の指輪を目にした時のときめきは忘れられません。

いつか絶対に行きたい！そう思い続けて30年…長年の夢を叶えたのはつい最近の事です。10代の頃の夢が叶ったという感激で胸が一杯になりました。念願のあの指輪とペンダントも購入しました。

創業時からのアンティークのデザインをずっと作り続けられているなんてすごい…。繊細で丁寧に作られたジュエリーは何ともいえない可愛らしさと品格を感じます。私にとって、これからも少しずつ集めていきたいと思えるジュエリーになりました。

ロスチャイルド家の鳥かご

２００６年にフランスでのお花の研修旅行で装飾をさせていただいたモナコのロスチャイルド家、ここの鳥かごが素晴らしく素敵で忘れられません。

大きなお家の形のアイアンの鳥かごに、優雅にインコが2羽飼われていました。小鳥好きとしては心ときめかずにはいられません。

数年後に、パリの蚤の市でほぼ同じタイプの鳥かごに出会うのですが…。

さすがに購入することはできずに諦めました。

後にも先にも、あのような鳥かごにはそれっきり出会っていません。

遊び心のあるもの

ジャマンピュエッシュのお魚の形のバッグ。

夢のあるもの、遊び心のあるものが大好き。子供っぽいと言われても思われてもいいのです。どこか懐かしいものとか〝可愛い！〟って心くすぐられるものが好きです。

たとえば長年持っているお気に入り、ジャマンピュエッシュのお魚の形をしたバッグは、とても実用性には欠けるけど、持っているだけですごくＨａｐｐｙな気持ちになる。

大人の女性がこういうのを持ってこそ素敵！と思うのです。

ハンカチ好き

学校では制服、髪型もあまり自由にできない中学生の私にとって、ハンカチという可愛い小さな布は唯一、おしゃれを楽しめるものでした。

今ではタオルハンカチを使う人が多いけれどわたしは使わないの。

私にとってのハンカチはあくまでも布で、そしてカジュアルでなくエレガントに持ちたいと思っているから。


昔からハンカチにはこだわる私。

子どもの頃から大好きで集めていたし、必ずその日のお洋服に合うものを選んでいました。私にとっては一番身近で手頃な服飾小物でした。

中学生になると毎日学校にどのハンカチを持っていくのか前の日に必ず決め、必ず自分でピシッとアイロンをかけていました。糊付けまでして…。当時、とにかくハンカチにアイロンをかけることに命をかけていました（笑）。

そして学校の昼食前の手洗いの時に、その綺麗なハンカチをここぞとばかりに広げて、くしゃくしゃっと惜しげもなく手を拭く、というのが自分だけの密かな贅沢でした。

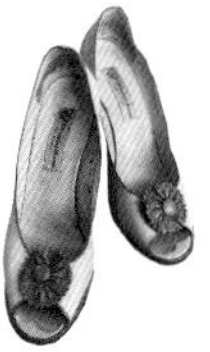

パリジェンヌのワンピース

18歳の頃に購入したアニエス・ベーのワンピース。当時、フレンチカジュアルというスタイルが流行った時期でもあり、アニエス・ベーはそんなフレンチカジュアルを代表するブランドのような存在でした。

モノトーンや小花柄の程よく体に沿ったワンピースやスカート。フレンチブランドということもありますが、いかにもパリジェンヌが着ていそう、と思っていました。

黒字にピンクの小花柄、テロンとした素材…、このワンピースはそんな私が思い描いていた、まさに「パリジェンヌのワンピース」だったのです。

素材が良いので今でも充分着られるし、褒められること多いワンピースです。これを着て、今度パリの街を歩いてみようと思っています。

アンティークとの出会い

古い指輪は今のものと違い、石の台座や石枠などがとても繊細なモチーフが施されていて、本当に素敵。ついつい指輪をひっくり返して見てしまいます。祖母の形見の指輪もあります。この指輪をつけると、必ず祖母のことを想うのです。そうやって引き継いだ人を想うと、温かい気持ちにもなります。

ピンクの石のものは昔、実家の近くに「へんき堂」というアンティークショップがあり、そこで一目惚れしたものです。

ある時、妹とふらりとお店に立ち寄った時のこと。ちょっと埃っぽい店内、たくさんの指輪の中でこのピンクの石がひときわ輝いて見えました。指にはめてみると、なんとサイズがぴったり。これは…、私のためのもの？私を待っていたの？なんて思いました。人生でアンティークとの出会いはこれが初めてでした。当時、高校生でしたが運命を感じてしまいどうしても欲しくてバイトしたお金で買った思い出があります。昔、どこかの誰かの宝物だったかもしれないものが、時を経て私の元へ…。そんなことを思うとロマンを感じ、たまらなく幸せな気持ちになります。

おはようミケット

1979年の「こどものとも」のもの。驚いたのは、舞台がパリだったこと！まさかパリだったとは…。パリの街並みや、女の子が住むアパルトマンのお部屋…、ときめきました。今思えば、あの頃はパリなんて知らなかったけれど、あの世界に、すでに憧れていたのですよね。何だか不思議な気分になります。

幼稚園の頃、定期的に配布してくれていた絵本がありました。それは薄いソフトカバーの絵本で、いつも楽しみにしていたのですが、中でもとりわけお気に入りなものがありました。

何度も何度も絵本を広げては見た記憶…。外国の女の子が出てくる、クローゼットに沢山のお洋服、お人形をお風呂に入れるシーンがある、素敵なお部屋に住んでいる…、そんな断片的な記憶。その絵本のタイトルも分からず、でも幼い私の心に強烈な印象で残っていた本でした。

ずっと探しても手がかりすら掴めなかったのですが、数年前、なんとその絵本に出会うことができたのです。「おはようミケット」という絵本で、挿絵を見た途端…これだ！って思いました。

40年以上昔にタイムスリップした気分でした。

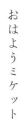

遠い記憶

思えば毎年のピアノの発表会で着るドレスも、買って貰えるのはいつもグレーや紺のシンプルなデザインのものでした。
今見るとこれはこれで可愛いと思うのですが、あの頃は唯一、祖母が発表会用に毎回買ってくれたレースのついたふりふりした白いソックスがお姫様みたいな気分になれて嬉しかった記憶があります。

子供の頃は好きなものや自分が着たいと思うものを着た覚えがないのです。母親がシンプルでシックな色合いを好んだこともあり、いわゆる可愛い服…ピンク色、レース、リボンがついたような、いかにも子供が好きそうなものとは無縁でした。頭にリボンを飾ることもなければ、当時憧れた3段フリルのミニスカートなど着ることもなく…。このエピソード、意外に思われるのですが、そんな幼少期でした。
母は子供はこざっぱりしているのが一番、と思っていたのでしょう。その分、洋服への憧れは強く、いつかヒラヒラしたドレスが着たい、ピンクが着たい…、と心の中で夢が膨らんでいました。今はその反動なのかもしれません(笑)。

私のお守り

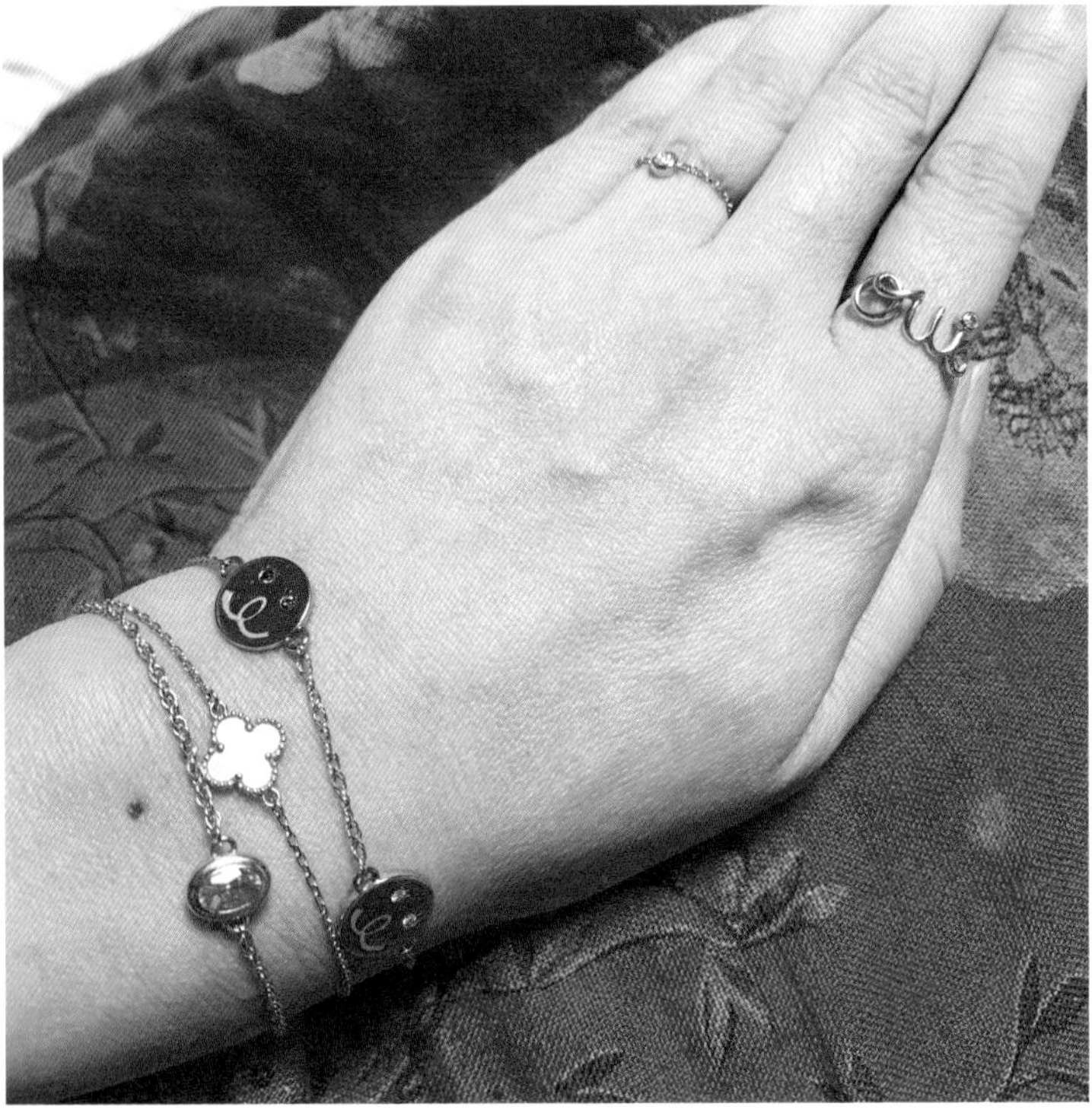

いつもお守りのように必ず身につけているもの。
自分への応援を込め、そして自分に正直に生きたいという気持ちを込めて選んだ「oui」リングと、薬指には夫から贈られた「mimi oui」リング。どちらもディオールのもの。そして母から贈られたヴァンクリーフ&アーペルのブレスはラッキーモチーフのクローバー。
結婚15年目の夫からの贈り物だった憧れのパライバトルマリン、大好きなケルシャンスのトリコロールの石が付いているニコちゃんブレスレット。これを身につければ、どんなお守りよりも最強なんです。
どんなふうに過ごしても同じ一日、だったら楽しく過ごした方がいい。できる限りハッピーなオーラに包まれていたいです。

赤毛のアン・夢の小箱

3冊セットで「少女編」「青春編」「夢の家族編」に分かれています。赤毛のアンの物語に添って、お料理や手芸などが紹介され、後半には作り方が載っています。子供の頃にこの本を見てお料理するということはありませんでしたが、美しい写真やイラストを見てはアンの世界を想像していたのです。
本当に大好きな世界がそこにあったから…。

小学6年生の頃、本屋さんで「赤毛のアンの手作り絵本　〜夢の小箱セット〜」を見つけました。箱の中に3冊セットの本が入っていて、中を見ると…、物語に添えられた美しいイラスト、お料理などの写真が。もう本当に素晴らしく素敵な世界が広がっていました。赤毛のアンも大好きなのに加え、〝夢の小箱〟というフレーズにときめいたのは言うまでもありません。

この本が欲しくて欲しくて、何日も悩んで…。

小学生にはとても高価な本だったのですが、貯めたお小遣いなど全財産を叩いて親には内緒で買ったので、今でも宝物。大事に持ち続けています。

こんなに手の込んだ美しい本、夢のある手作りの本、って他にないと思っています。

前向きに生きる

手術で髪を無くした私のために、the lace salon のさくらさんからリバーレースの美しいヘアバンドが届きました。入院中、リハビリをするようになると、毎日そのヘアバンドをつけました。大きな病気をすると、生きるのが精一杯で、お洒落はしたくても後回し、そうなってしまいそうな私に光をくれました。どんなに助けられたか…！

2019年の初夏、脳に腫瘍が見つかりました。病名を知らされた時はショックでしたが正直、原因が分かってほっとしたというのもありました。ずっと、ひどい目眩や体調不良に悩まされていたので…。

私にとっては入院も、そして手術も初めてのこと。頭に大きな手術をしなければならないことに不安を覚えました。そもそも私がこんな病気になるなんて…、人生って本当、分からないものです。

手術、その後の療養生活…思い返せばもちろん辛いこともありました。でもそんな時、私がいつも前向きでいられたのは、この経験を通して改めて夫や家族の優しさ、ありがたさを感じ、私は恵まれている、幸せだと思ったからです。

ケルシャンスの祥子さんからは、祥子さんが作られた、たくさんの素敵なアクセサリーが届きました。元気になったら、これをつけてお洒落して出かけよう、そう思いました。私にとってお洒落はパワーの源。そういう気持ちを再び取り戻させてくれました。

病気になり失ったものもあったけれど、その代わり得たものもありました。人の優しさに触れ、今まで以上に感謝の気持ちを持てたこと。自分の病気が辛くて、というより、たくさんの方の優しさが嬉しくて泣きました。

親愛なる友人たち、お店のお客様、パリの方々、それからインスタグラムのフォロワーさんたち…。

叔父や叔母、従姉妹、みんなに感謝しかありません。本当にありがとう。

私も人に優しさをもっと向けられる人間になろうと思いました。

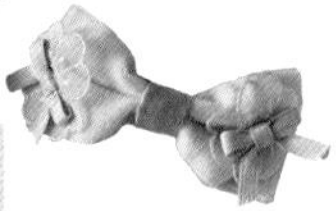

ヘアアレンジメント

昔から髪はずっと長めなのですが、ヘアスタイルはダウンスタイルというより、アップにしている方が好きです。そのほうが自分に似合っていると思っているので（笑）。そんなことで毎日のヘアアレンジやセットは必須です。

そして仕上げにリボンやヘアアクセサリーをつけたり、スカーフを巻いたり、何かしら頭にはつけています。これはずっと昔から。ジュエリーや、お洋服と同じくらい、ヘアアクセサリーもたくさん持っています。

嬉しいことに、よくヘアアレンジをお褒めいただいたり、やり方を聞かれることも多いです。

私の髪はもともと細くて、癖毛なんです。それもあって、アレンジしやすい髪質なのかもしれません。

ヘアアレンジも簡単にできてちょっと見栄えがするような…、そんなアレンジをいつも考えています。

病気が見つかり、頭の手術をしたので、私の頭にはちょうどカチューシャのように手術の後が残っています。結局、そこにはもう髪が生えてこないのですが、嘆いても、それはもう仕方のないこと…。

顔周りの目立つ場所なので、カチューシャやヘアバンドなど色々なものを使ってカバーしています。でも、楽しみながらやっています！

病気が見つかる前から、もともと頭に何かつけるお洒落が好きだったため、髪がなくなっても、持っているヘアアクセサリーや小物を使い、それなりにお洒落が楽しめました。前髪ウイッグも病気になる前からファッションとして使っていましたので、手術後も何の抵抗も違和感もなく普通につけられましたし、周りからも気付かれることもなかったのです。これは私が良かったと思うことの一つです。

美しく歳を重ねる

常に“今”の自分を一番好きでありたいな。

だんだん年を重ねていくと誕生日もあまり嬉しいものではないと言う人もいます。

私は…そうは思わない…かな。

いつだって誕生日は嬉しく、喜ばしく、感謝する日だって思っているから。

中学生の頃、「誕生日は一年に一度、自分がこの世に生まれたことに感謝する日」と書かれたバースデーカードをもらったことがあり、なるほど、その通り！　と妙に納得したのでした。だって一年の時が経ち、ひとつ年を重ねるという事は去年よりもまた経験を積み、知識も増え、進歩しているって事でしょう。

人生は毎日が勉強…勉強しているつもりでなくても、何気ない日々に学ぶべきことがたくさん含まれているのです。そんな1日1日を積み重ねて、ひとつ歳を取り、成長しているんですよね。ありがたいです。

Automne

秋

旅の装い

トレドは日本でいうなら古都、京都や奈良のような場所。

中世の街がそのまま残っています。

このベル人形はトレドの民芸品のお店で見つけた物です。

スカートがベルになっていてチロン、と可愛い音がします。

なんとなく「スプーンおばさん」みたいで一目で気に入ってしまいました（笑）。


1998年の秋、新婚旅行でスペインに行きました。

学生時代、ガウディの写真集を見て以来、一番行きたかった国。その時、マドリッドから少し離れた所にあるトレドという街も訪れました。中世の街がそのまま残る古い街並み、迷路のように続く細い道を歩きながら、ふと古い時代に思いを馳せているとまるで自分がその時代に生きているような、不思議な気分になったのです。

でもこの時、全身黒ずくめだった自分の装いを嘆いたのでした。初めての海外で治安などを気にして目立たないように、と思ったのです。こんな素敵な場所を歩くなら、もっとここに似合った格好だったら、どんなに楽しい気分になっただろう…、と激しく後悔。

それ以来、旅に出る時はその場所に合う服装を用意するようになりました。

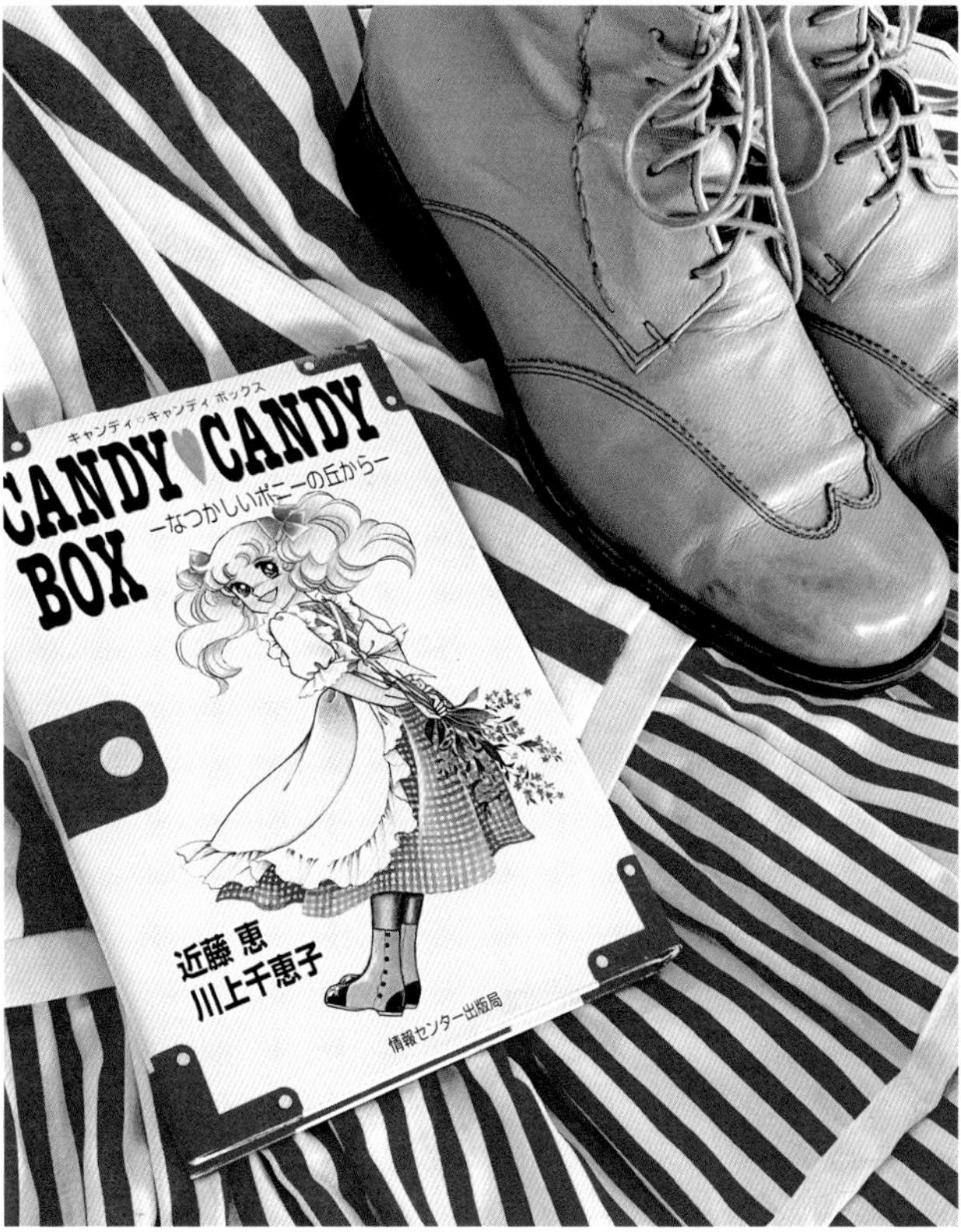

キャンディ♡キャンディ

アンソニーとテリィ、どちらが好きでしたか？

同世代の方ならきっと夢中になったはず、「キャンディ　キャンディ」の世界。私も大好きでマンガはもちろん、アニメも観ていました。当時私は正統派の王子様、アンソニーが好きでした。人生でこの人素敵、と思った最初の人はアンソニーだったのかも。今となればテリィに惹かれるかもですが（笑）。でも、この物語に出てくる男の人って大概ステキなんですよね。そしてほとんどの男性がキャンディに恋心を抱くという展開…。羨ましい、キャンディ。キャンディの赤×白のストライプのワンピースや、編み上げブーツに憧れていた私。編み上げブーツを履いてコツコツと音を立てながら、ヨーロッパの街の石畳を歩く…、というのが夢でもありました。

ヴィンテージバービー

子どもの頃から着せ替え人形が大好きでした。

昔、叔母の家に行くと古い昔のバービーがありました。それは、お人形自体の少し憂いのある表情や質感、放つ存在感が、私の持っている着せ替え人形のジェニーとは明らかに違っていて、密かに欲しいと思っていました。(ジェニーも可愛くてお気に入りでしたけどね)

ヴィンテージバービーはとにかく衣装がどれも素敵!とても丁寧に仕立ててあり、素晴らしいものばかりです。

思い返すと、私の洋服好きは着せ替え人形からはじまったのです。

そんな私が憧れのヴィンテージバービーを手にすることになるのは、大人になったもっとずっと先のことになります。

収集してきたヴィンテージバービーやスキッパーのお洋服。

今思うとびっくりな話なのですが(笑)、近所の商店街にあった小さな雑貨店には段ボール箱いっぱいに入ったヴィンテージバービーやスキッパー(バービーのいとこ)の洋服があり、一枚30円くらいで売っていました。小学生の私でも買える金額…。

お店のおばさんが昔、内職で作っていたというバービーの洋服の在庫をいっぱい持っていたらしいのです。

そんなこんなでラッキーなことにヴィンテージバービーの洋服をたくさん買うことができました。

思いがけず、お宝ゲットしていた私です。

大人になってからもバービーの写真集などを見ては、ファッションも含め、あまりの素敵さにため息。

1994年に35周年ヴィンテージバービーの復刻が出ると聞いた時はもちろん買いに走りました。

ジュエリーの収納場所

箱の中が二段になるので、かなりの収納力。一目で分かりやすく、取り出しやすくもあり重宝しています。
また仕切りによりアクセサリーを傷つけることもなく安心です。

ジュエリーやアクセサリーが大好きなので、年々増えていくばかり…。どれも思い入れがあるものばかりの大切なもの。その日のお洋服に合わせてパッと選べるようにしておきたいなと思い、ジュエリーボックスには収まりきれなくなったので、キャビネットをそのままジュエリーを収納するように使っています。

5つ引き出しがあるのですが、1つの引き出しに2段になるように、サイズを合わせてベルベットの布を貼った仕切りの箱を父に作ってもらいました。せっかく手に入れた素敵なアクセサリーたちは、仕舞い込まないで常に目につくところに置いておき、沢山つけて楽しみたいと思っています。引き出しを開けた時、どれにしようかな〜、と眺めるのも楽しみのひとつです。

フレンチ映画のヒロインみたいに

映画はストーリーの他にファッションも重要なポイントで楽しみのひとつです。

憧れのヒロインの映画のワンシーンを切り取ったような装いをするのも好きです。全身でなくても、どこかにポイントをおいて似せてみる。

例えば、ちょっとした色使いやヘアスタイル、小物使いなど…。

○○風、って自分でそう思ったら、そうなんです(笑)!!

人生は自分がヒロインの物語…そう思うと、今日は一日何着て過ごそうかな?と楽しい気分にもなります。

私の作るリボンのヘアアクセサリーは、いつも60年代のフランス映画「シェルブールの雨傘」でカトリーヌ・ドヌーヴがつけていたような、そんな雰囲気をイメージしています。

オーダーメイド

今年の自分のバースディのためにオーダーしたピンクのドットのロングドレス。
右：今までにオーダーメイドで作って頂いたドレスの数々。

今まで色々なお洋服を着てきましたが、行き着くところはオーダーメイドかなって思います。

The lace salon のドレスは全てオーダーメイド。

フランスの美しいリバーレースを使ったドレスです。

私の大切な友人でもあるデザイナーのさくらさんのセンスが光り、縫製も美しい…。

全面リバーレースのドレスはため息が出ます。それからシルクとリバーレースのドレスも素敵。

世界に一着しかない美しいお洋服、自分のサイズにぴったりという贅沢が味わえます。

お洋服のリフォーム

古くなったお洋服は、直せるものは自分で直したりして着ています。

繕ったりするのはお手のもの（笑）。

でも自分でできないものはお直し屋さんへ持っていきます。

メンテナンスのほかに、サイズ直しもよくお願いしています。

微妙なサイズ感でシルエットも着心地も変わるので、そこは重要。

それからちょっとしたリフォームもお願いします。

例えば、長袖のドレスの袖を取ってもらったり、着丈を変えてもらったり。

そうすることで、お洋服に新たな息を吹き込み、また違ったお洋服の楽しみ方が広がることもあるので。

リトルブラックドレス

大切にしているリトル・ブラックドレスはパリの「Didier Ludot」（ディディエ・リュド）のもの。

素敵なリトル・ブラックドレスを1着は欲しいと思い、購入しました。

シンプルながらディティールに凝っていて小物使いで昼にも夜にも着こなせそうなのが魅力。試着した時のことはよく覚えていますが、本当に仕立てが良い服ってこういうことなんだ、と感激しました。ドレスを知り尽くした彼のドレスは体に沿うようにすっと馴染み、着心地の良さが抜群なのです。また着た時のシルエットが美しく、我ながらうっとり、でした。

パリのパレ・ロワイヤルの回廊に高級ヴィンテージを扱う、ディディエ・リュドのお店があります。大きなウインドーにはクチュールコレクションの素晴らしいドレスの数々が飾られており、いつも足を止めて魅入ってしまいます。

50's のパールのアクセサリーを合わせて。

そして、このお店から少し離れた所にヴィンテージとオリジナルの黒いドレスのみを扱かうお店があります。こちらは白い壁に深紅の絨毯が敷かれ、そこに所狭しと黒いドレスがディスプレイされています。フランスの女性は、とても素敵に黒いドレスを着こなしていますよね。私もシックに素敵に黒いドレスが似合う女性になりたいと思っています。

ドールハウス

ベッドカバーやクッション、小物類など手作りし、お人形も作りました。
お人形は私と同様、三姉妹になってます。

幼い頃からドールハウスに憧れを抱いていました。それは本で読んだ外国の物語の中に出てくるドールハウスだったのですが、子供の玩具にしては本物嗜好のもの。その当時、そんなドールハウスを扱うお店ってあったのかなぁ。あったとしても子どもの私には到底、手が届くはずもなかったですね。

そんな憧れを叶えたのは大人になってから。英国のアンティークのドールハウスを手に入れました。私の元に来たときは古いものなので、それなりの状態でしたが、壁も床も張り替えてメンテナンスをして少しずつ楽しみながら作り上げていきました。1階はヘアサロンとアクセサリーショップ、2階は住まいになっています。私の夢が詰まったお家なんです。サロンの階段裏に飾ってあります。

昔の手仕事

私からも古い時代のアクセサリーを通して、みなさまに、こんな美しい世界があるんだって…

そんな感動や楽しさをお伝えできたらいいなって思っています。


今では見られないような昔の素晴らしい手仕事に出会うと感動します。

現代と違って昔は何かものを作り出す時に費やす時間が違う。気が遠くなるような作業が施されていたりするのを見ると、時の流れ方も違っていたのかな？なんて思ったりもします。

例えば、私のサロンにある古い時代のアクセサリーに作り手の情熱や愛情のようなものを感じられると、たまらない気持ちになり愛おしく思うのです。

アンティークやヴィンテージのお洋服もそうです。細かな手仕事に、ひたすら感動を覚えます。

〝もの〟からそんな感動を得られるって凄いことだなって。古いものの世界にハマるのは、この感動を知っているから。そしてこれからも、それを味わいたいからなのです。

昭和の手芸店

フランスで買い集めたものたち。

小学生の頃、家の近所に小さな手芸店がありました。

そこは老夫婦が営んでおり、主にお店にはおばあさんがいました。

狭い店内に所狭しと商品が並べられており、並びきれない物は天井から吊して見えるようにしてありました（笑）。

私はそのお店がとても好きで、毎週のように通ってはフェルトやレース、ボタンやリボン…。そんな手芸材料を見たり、時々買ったりもしていました。

レースがたくさん入った大きな箱が3個くらい積み重ねてあり、その箱を覗いて可愛いレースを物色するのも楽しかった。とにかく心浮き立ちました。

物づくりが好きなのは、すでにその頃から。

子どもが1人でそんな風に出かけられたのも昭和の時代ならでは、な気もします。

木の実のブローチ

こちらは叔母が若い頃に使っていたというものを
譲り受けました。

華やかなお花のコサージュとはまた違う雰囲気で、木の実や果実のモチーフはころんとしていて可愛らしいです。素朴な印象もありますが、何より実りの秋、を感じさせます。

昔はこのようなコサージュやブローチが流行っていたと聞きました。

フランスでは1900年代初頭から、当時のブルジョワ階級の帽子やコサージュなどの飾りとして、こういったお花や実のパーツを用いたそうです。そして40年代から60年代に、特に人気があったそう。

日本にも同じ頃職人さんがいたそうなので、こちらはその当時、日本で作られた物なのかなぁ…。

これひとつで装いを秋色に染めてくれるブローチです。

秋色の髪飾り

秋色のフランスのヴィンテージバレッタ。とても大きなサイズで、ヘッドドレスみたいにつけています。

そういえば小学生の頃、お店の人の手書きで「秋色の髪飾り」と、プレートが貼られたヘアゴムを、その「秋色の～」という響きに惹かれてつい買ってしまったということを思い出しました（笑）。

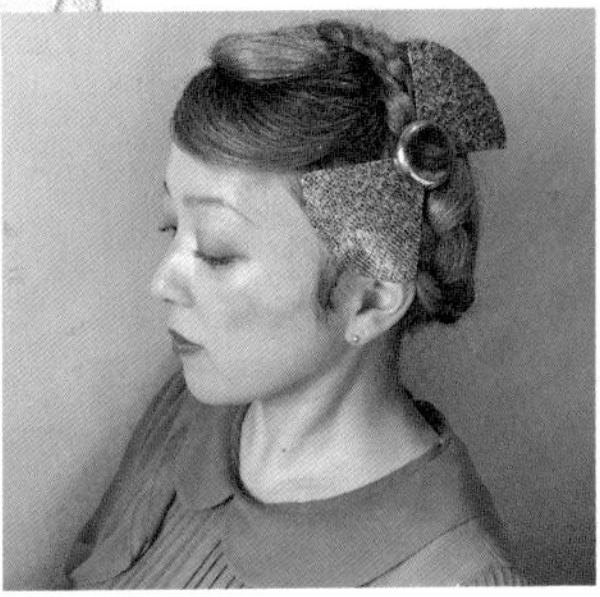

私はどうやら響きに弱いらしい。
例えば茶色のことを「秋色」と言ったり、ピンクを「桃色」、黄色を「ひよこ色」などと表現されると、心の奥底がキュン、となってしまうのです。
これは響きとは少し違うけれど、コーヒーは漢字で「珈琲」の方が好きだし、グレープジュースというよりぶどうジュース（それも葡萄、と漢字だったらなおさら良い）とか（笑）。祖母がオレンジジュースをみかんジュース、というのも密かに好きでした。
たとえ同じものだったとしても、印象が全く違う気がしてしまう…。なんというか、何かを表現するのに素敵な響きで表現すると、より素敵なものに見えたり聞こえたりすることってあると思うんです。だから言葉のチョイスってとても大事。

やかまし村などに描かれるスウェーデンの農村の子供たちの暮らし、四季の楽しみ方。全てがわたしには未知の世界であり、アメリカやヨーロッパの国々を物語を通して知り、想像し、憧れ、そんな暮らし方をしている子どもたちを羨ましく思ったものです。

子どもの頃に読んだ本で「小さい魔女」「小さい水の精」などのドイツの作家プロイスラーが書いた作品もとても好きで何度も読み返しました。

特に大好きだった「小さい魔女」の魔女はとても可愛らしくて、魔女というものに憧れすら覚えていました。

リンドグレーン作の「長くつ下のピッピ」や「やかまし村シリーズ」。

これはもう誰もが目にしたことがあるような作品ですが、私は作品の舞台となっている北欧…、スウェーデンにも憧れていました。

多感な子ども時代にこのような物語をたくさん読み、想像した経験は、大人になってからの私にとても影響していると思うのです。

付け襟

ずっとアンティークやヴィンテージの付け襟を収集しています。

レースや刺繍の手の込んだもの、大きな襟から小さなタイのようなデザインのものまで色々…。

ガラスビーズで作られたものは、まるでネックレスのようにも見えます。

付け襟って、手持ちのお洋服に加えるだけでがらりと印象が変わる楽しいアイテム。そこにブローチをつけてみたり、ネックレスを重ねたり…。

古い時代の付け襟は丁寧に繊細に作られており眺めているだけでもうっとりしてしまいます。

ジュエリーと同じく、付け襟も楽しめたら、更にお洒落の幅が広がります。

旅の悲劇も思い出

随分前に、両親と３人でパリを旅した時のこと。

悲劇としか言いようがないのですが、私たちを目掛けて鳥のフンが大量に落ちてきたのです。とにかく酷い目にあいましたが、その翌年、今度は１人でパリを訪れた時、その現場を通りかかり、ふと、その場所の後ろにあるカフェを見たら、なんと偶然にも「Les oiseaux」…。「鳥」っていう名前のお店だったんです！今となれば笑い話、良き思い出です。


旅の愉しみってなんだろう…。そう考えた時に思うのがもうずいぶん前の旅の記憶でも、また同じ場所を旅することでよみがえってくることも愉しみのひとつかなと思います。

例えば1人でパリの街を歩いていた時、たまたま通りかかった道で、ここでいつか夫と喧嘩したな、とか、このお店のクロワッサンを母が美味しいって言ってよく食べていたなぁとか…、そんな思い出がよみがえるのです。

旅した場所って、匂いでも思い出すこともありますよね。そんな時、1人で旅していても何だか心が温かくなり嬉しくなります。

スカーフ

大小様々なサイズ、素材、柄を集めてきました。売るほど持っているかも（笑）。ヴィンテージのものも多く、エミリオ・プッチのカラフルなものは特に気に入っています。
スカーフの色や柄をリンクさせてアクセサリーのを組み合わせるのも好きです。

空気がひんやりとして吹き抜ける風に秋の香りを感じると装いも秋色にしたくなります。

真夏には着けることができなかったスカーフがいよいよ出番を迎えます。

コートやジャケットを羽織るまでもない秋は、スカーフのおしゃれを思い切り楽しめる季節だと思います。

洋服やジュエリーとのコーディネートも楽しいです。

スカーフって華やかになる上、防寒にもなりとても重宝します。

時々、頭にも巻いて楽しんだりもしています。

Hiver

冬

Fifi Chachnil の アンゴラニット

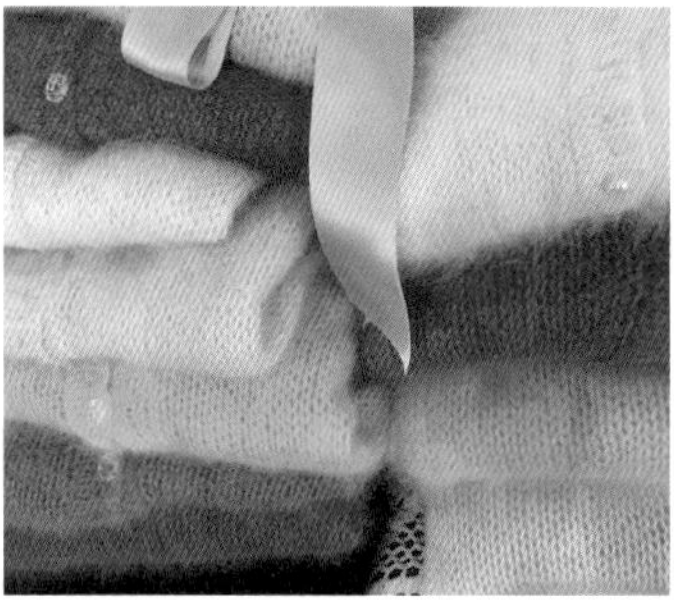

とても寒がりな私の冬の定番、もはや制服のように毎日大活躍なのがアンゴラのニットです。

フランスのブランド「Fifi Chachnil」のもの。

アンゴラってとにかく暖かくて…。

このニットはコンパクトでショート丈なのも気に入っています。

ワンピースの上から羽織ってバランスがとてもいいのです。

一時期はパリへ行く度に一枚ずつ買い足していました。

今ではかなり色が揃い、並べるととてもカラフルで見ているだけで幸せ気分に。

綺麗な色や好きな色を身につけていると、色からパワーをもらったりする気がします。

お洋服のメンテナンス

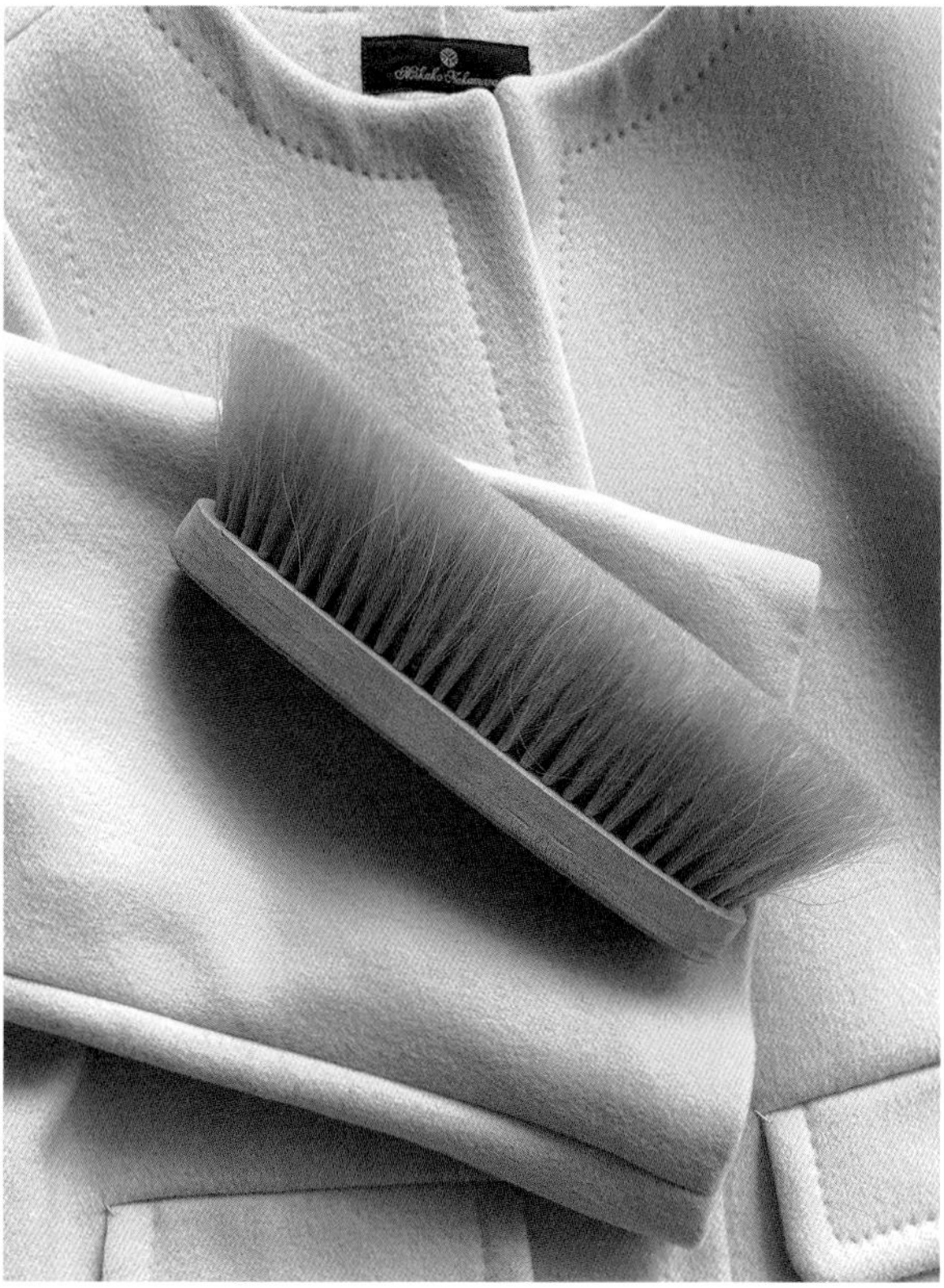

自分の好きなもの、そしてできるだけ良いものを買って永く大切に着よう、というのが私の信念です。

それもあり、お洋服のお手入れやお直し、というのはとても重要です。

シーズンが終わるとコートなどは信頼のおけるクリーニング店に出したりもしますが、気に入ったお洋服は大事に着たいので、自分でできる限りのメンテナンスをしたいと思っています。

普段からこまめにお手入れしたいと思い、良い洋服ブラシを探していたところ、数年前に「ブラシの平野」のブラシに出会いました。コートやファー、カシミヤ、着物などにも使えるという馬毛を使ったもの。家へ帰ってコートを脱いだら、まずはブラシ掛け、が日課です。生地の目が揃って、綺麗になるのはとても気持ちが良いです。

ラブバード

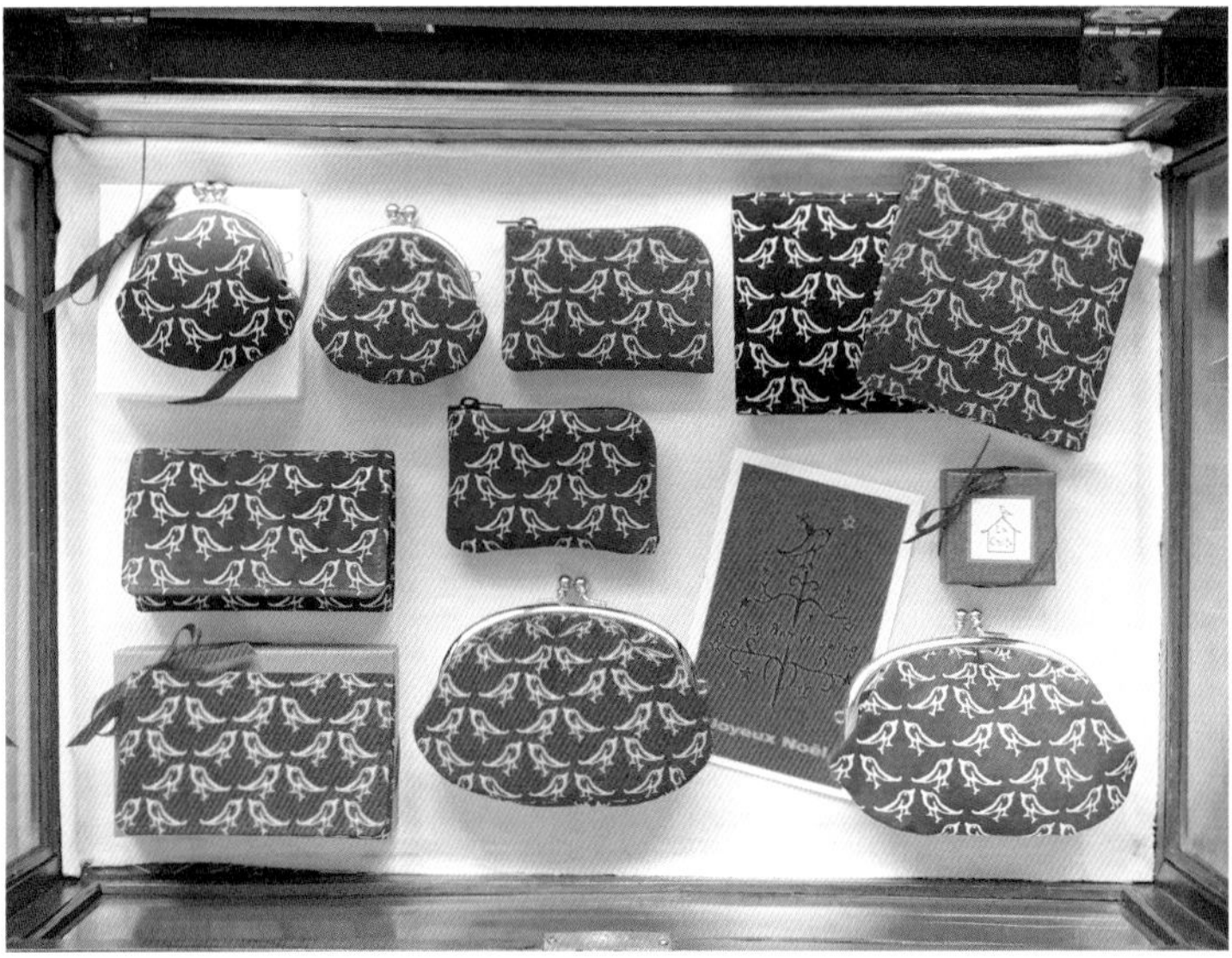

もともとヘアサロンのロゴマークである“こゆき”という名の小鳥は1羽でしたが、私なりにストーリーを考えました。
「20年経って、こゆきにも素敵なパートナーができました！」
そんなことで仲良く小鳥が向き合ったラブバードになりました。

夫と2人で2001年にはじめたヘアサロン「La Casita」が、20周年を迎えたため、記念にオリジナルの甲州印伝を作りました。

私がデザインした小鳥柄です。

可愛く向かい合ったラブバードになっています。

甲州印伝とは、鹿革に漆で紋様を付けた山梨県の伝統工芸品です。ひとつひとつの工程がすべて職人さんの丁寧な手作業によって作られています。鹿革の柔らかさ、美しい漆の光沢にも魅了されます。

お菓子・料理の絵本

「小公女」や「若草物語」「不思議の国のアリス」などなど、少女の頃から馴染みのある大好きな物語。

そんな色々な物語の中に出てくるお料理やお菓子を再現したレシピが美しい写真、優しい文章と共に掲載されています。

そしてなんといっても「赤毛のアンの手作り絵本」と同様、こちらの本も松浦英亜樹さんによる挿絵が素晴らしいです。

見れば見るほどに引き込まれる美しく夢のあるイラストに感激しました。

大好きな物語のお料理が作れるなんて夢のよう。それだけでドキドキしたのを思い出します。

ヘッドドレス

ヴィンテージのヘッドドレスが大好きで収集しています。

カチューシャタイプのものから小さなお帽子タイプのお花のついたもの、頭にちょこんと乗せて装うヘッドドレスは存在だけでも夢があります。

ヴィンテージのお洋服に合わせたり、もちろん現代のお洋服にも。

愛らしく、美しいヘッドドレスは、それひとつで完成された物語のよう。身につけるだけで古い時代のエレガントな淑女になったような気分にさせてくれます。

自己満足でいい、人生をドラマティックに生きたいのです。

お気に入りは色違いで

使えるなと思うもの、お気に入りは色違いで揃えたくなるタイプです。シンプルなニットなども形が気に入れば色違いで揃えます。

私は冬はドレスに羽織りもの、が定番なので着丈の短めのカーディガンが大活躍します。

「Marni」のカーディガンもカシミヤの肌触りと形が気に入って揃えたもの。「Fifi Chachnil」のアンゴラカーディガンもですが、とにかくよく着ているし使えるアイテムなので少しずつ揃えて良かったと思っています。

これからまだまだ増えていくかも…(笑)。

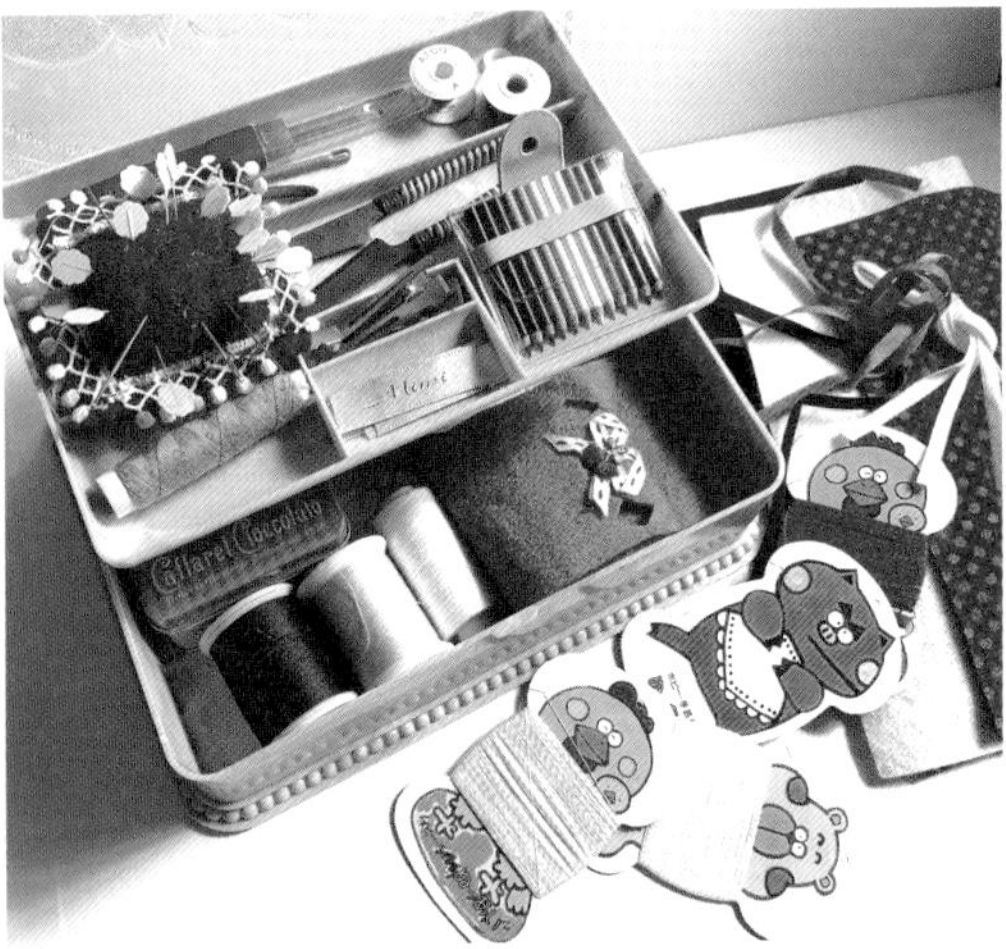

お裁縫好き

動物のイラストのものは懐かしい
「ぬーあい手芸糸」。
これは当時買ったものです。
この手縫いの糸を使って手作りしていました。

小学３年生の時につくった服と、
母に作ってもらったスカート

子どもの頃からお裁縫が好きで、曽祖母に教えてもらいながら、色々なものを作りました。フェルトや木綿のはぎれなどを使って小物入れやマスコット、それからお人形のお洋服も。

小学3年生の時、初めて着せ替え人形の洋服を作りました。裾に白いレースがついた赤いギンガムチェックのフレアスカート。とにかく自分で考えて縫って作った、ということが嬉しくて…。白いチュールスカートは母に頼んで作ってもらったもの。

母は縫い物が苦手な人でした。頑張って作ってくれたけど小さすぎてお人形に着せられなかった（笑）。でも作ってくれたということが嬉しくて、そのことは母には言えませんでした。どちらも私にとってはずっと大切な宝物。

形に残っている思い出もいいですよね。その時の温もりや、優しさを感じることができるから。

コート好き

よく、1年以上着ないともう必要のないもの、とか本で読んだり聞いたりしますが、私にはそれは当てはまらないのです。

コートは大好きで、色や形、素材、着丈、色々なものを持っています。中に着るものとの組み合わせなども、その時々で変わるので、とにかくコートもたくさん必要に(笑)。たくさんの色を持っているとそれだけで楽しい気分にもなります。

良いものを買って長く着る、という考えは若い頃から。素材や仕立てが良いものはあまり劣化しないんです。コートもそんな基準で選んできたので20年以上着ているものもあります。好きなもの、そして良質なものを少しずつ集めてきた結果です。

こうしてみると、良いものはやはり良いな、って改めて思っています。そこの軸がぶれなければ、長く楽しめるのだと思います。

クリスマスツリー

11月になると、なんとなくソワソワ…早々にクリスマスツリーの準備をします。

私は昭和な人間なのでハロウィンには全く馴染みがなく、ほぼ関心もないのですが、クリスマスは無条件に心が弾んでしまいます。

水鳥の羽でできた白い小さなツリーには、ヴィンテージのピンクの小鳥や鳥かごのオーナメントを吊るし、そこにピンクの羽も飾りつけます。

心ときめくピンクのツリーのできあがり！

毎年、自宅に飾っていたこのツリー、去年はサロンに飾りました。

できるだけ長く楽しみたいので11月に早め出して、クリスマスが終わってもお正月が明けてもしばらく飾っています。そこはヨーロッパ様式を取り入れています（笑）。

オーナメント

ガラスでできたお人形のオーナメント。１９４７年からずっとガラスのお人形を作り続けているというイタリアのメーカーのものです。バービーを思わせるスタイリッシュな装いにも心惹かれて５体も購入してしまいました。

クリスマスオーナメントって心惹かれます。

ノエルの時期にパリへ行くと見たこともないような、可愛らしいオーナメントに出会うこともあり、少しずつ集めてきました。ガラスでできた繊細なものが好みです。

こんな美しく素敵なもの、一年に一度しか出せないなんて…。

じつはオーナメントを集めているのに、それを飾る大きなツリーがなくて…。

いつか理想の大きなツリーを手に入れて全部飾りたいと思っています。

やかまし村のクリスマス

「やかまし村のクリスマス」はリンドグレーン作の大好きなシリーズ。
子どもの頃は、この世界にとても憧れを抱いていました。
私が絵本を選ぶポイントは、もちろん物語の良さもありますが、やっぱりイラストの美しさや可愛らしさ、夢のあるものです。

クリスマスが近づくとみんなでジンジャークッキーを焼いたり、森にモミの木を切りに行ってクリスマスツリーを作ったり、パーティをしたり。

今でも読むと心躍る気持ちになるのは何故でしょう？

北欧の楽しいクリスマスを覗くことができます。

絵本の中の知らない国のクリスマスを知ったり、ときめいたりする感動って、大人になると忘れてしまいちょっと寂しいですね。

幾つになってもクリスマスを楽しみでワクワクしていられたらいいなと思ってます。

クリスマスのおしゃれ

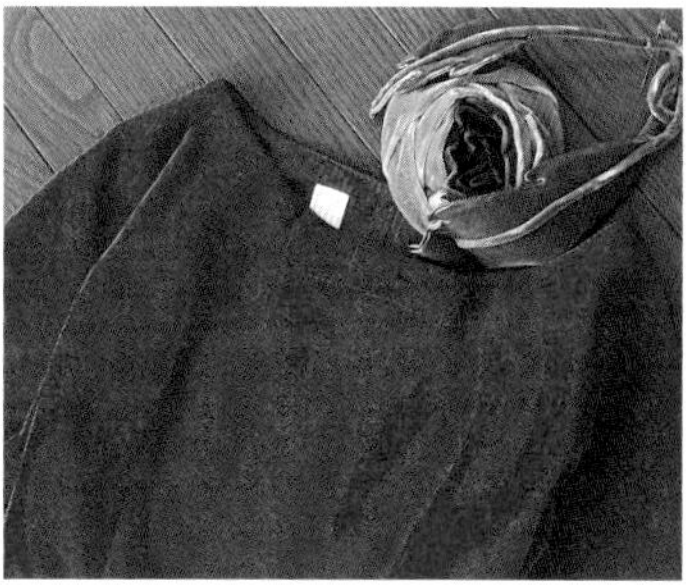

12月。

毎年この季節、クリスマスに近づくと、自ら気分を盛り上げる意味で、勝手にこの期間を「ドレスアップ週間」と呼び、いつもよりドレスアップした装いにするようにしています。

ボリュームのあるスカートの下にはふんわりパニエを忍ばせたり、赤をアクセントにした装いにしたり、頭にはファーやお花のヴィンテージのヘッドドレスをつけたり。

もちろん、素敵なアクセサリーは必須！

ホリデーシーズンは自分自身で華やかなお洒落を楽しむ絶好の機会です。

1976年のお正月、曽祖母と。

私の曽祖母

余談ですが、私は曽祖母に買ってもらった絵本「わらしべ長者」の話が大好きで、飽きずに何度も繰り返し読んでもらっていました。今でもまだ「わらしべ長者」みたいな人生に憧れています（笑）。

両親が共働きをしていたため、幼い頃から父の実家に預けられてお世話になっていました。

父の実家には曽祖母と祖母の2人のおばあちゃんがいました。

2人のおばあちゃんには感謝してもしきれないほどお世話になったし、本当によく可愛がってもらいました。

とくに曽祖母には特別に可愛がってもらった記憶があります。

時々ふと、もう一度この時代に戻りたいな、と思うのです。

この時に受けた愛情や教えは、この先ずっと忘れたくないなって思ってます。

今の私があるのは、もちろん両親のおかげ、それから曽祖母や祖母、叔父や叔母…、たくさんの人に支えられてきました。

つくづく、幸せな子ども時代を過ごせたことに感謝しています。

ハート型の石

今もハート型の石をつい探してしまいます。
曽祖母とのお散歩では、野の花を摘み、それを分厚い本に挟んで押し花を作るのが好きでした。秋になると、綺麗に紅葉した色とりどりの落ち葉を拾ってきたり、沢山並べてノートに貼り付けて遊んでいました。

父の実家から毎朝、曽祖母に手をひかれ幼稚園まで歩いて通っていました。その道すがら、道端に咲くお花を見たり、花の蜜を吸ってみたり、可愛い形の石を探したり…。

ちょこっと寄り道しながら曽祖母と過ごす時間が好きでした。

まだ道があまり舗装されていない時代。毎日通る道に、大人の掌ほどの可愛いハート型の石を見つけました。だけど深く土に埋まっていてなかなか取れない…。どうしてもその石が欲しくて、曽祖母と私は、毎日少しずつ周りを掘って取ろう、と決めたのです。でも道は突然アスファルトに舗装され、その計画は断念してしまったのですが(笑)。

今でもその道を通ると、この下にはハート型の石があるんだよね、って小さな秘密を知っているような気分になります。

懐かしいおやつ

前回は上新粉と白玉粉で作り、今回はすいとん粉。
何となくですが、すいとん粉で作ったものが一番近いのかな。

幼い頃に、曽祖母がよく作ってくれたおやつが2つあります。

ひとつは、酒粕を網でシンプルに焼いたもの。酒粕のいい匂いがプ〜ンと漂い、少し焦げ目がついていて香ばしい。これは曽祖母の大好物でした。もうひとつは、お団子。といっても本当のお餅でできたものではなくて、どちらかというと「すいとん」に近いような…。つるっとモチモチしていて、甘しょっぱいタレをからめてあるもの。私はこのお団子が大好きでした。

大人になって、ふと無性に食べたくなり、でもレシピがない（笑）。私の記憶を頼りに再現して作ってみましたが…。う〜ん、ちょっと何かが違う。

色々な事を思い出しながら、それから何度か曽祖母のお団子を試行錯誤してたまに作っています。

いつか自分なりに曽祖母の味、って納得できるものに辿り着きたいです。

ニット

装飾が施されたニットは過去に自分でお手入れして失敗したトラウマがあるため、信頼のおけるプロにお任せしています。
嵩張るニットはグローブ・トロッターの 33 インチと 30 インチのトランクに入れて保管しています。沢山入れられます！

季節でいうと断然、秋冬物のお洋服が好きで、特にニットは惹かれるものがあります。

例えばヴィンテージのファーのついたものや、50年代のビーズの装飾や刺繍が施されてある手の込んだものが大好きです。

もう、これ一枚が主役級なニットは冬のお洒落のお楽しみです。

ニットの色合いや装飾に合わせて、イヤリングやヘッドドレスを合わせたり、バッグや手袋のコーディネートも楽しくて心ときめきます。

アロマポット

フランスのアンティークのエレガントなティザニエール。
元々はハーブティーを抽出するティーウォーマーです。

香りの記憶で私の心に強烈に印象に残っていることがあります。

幼い頃、小さな可愛い雑貨屋さんがありました。そのお店に入ると、いつもふわーっと何ともいえないお花のような良い香りが漂ってきました。

その香りを辿ってみると、お店の片隅にロウソクが焚かれた小さなポットが置いてありました。

それは後にアロマポットであることを知ったのですが、当時はとても珍しく、初めて見たものでした。

あの柔らかく優しい、癒される香り…、ロウソクの炎の小さな揺らぎ、あたたかさ…。今でも忘れられません。

私のサロンでもいつかアロマポットでアロマを炊いてみたいな、って密かに思っています。

PARIS VU PAR YUKI

由　貴　の　パ　リ

パリ徒然

フランスは日本よりも時間の流れがゆったりしている気がして、とても落ち着くのです。
パリは、一歩外に出ると歴史ある建物はたくさんあるし、街の景色はどこを切り取っても美しい…。
最近は買い付けで一日中バタバタと忙しく動き回ることが多いのですが、時間があればセーヌ川沿いをゆっくり散歩したり、パレ・ロワイヤルの中庭のベンチで日向ぼっこしながら、半日くらいぼーっとしていた事もあります。
ふらりと立ち寄った美容室で髪を切ってもらったり、朝早くパン屋さんで焼きたてのクロワッサンを買い、それを頬張るときの幸福感といったら…。

私にとってパリをひとりで旅することは、自分と向き合う良い時間でもあります。

パリの街を歩きながら、空を見上げながら、大きく息を吸いながら…。

そんな時、あぁ、私はなんて小さな存在で、ちっぽけな世界に生きている…って、いつも思います。世界はもっと広くて大きくて、様々な人がいて、色々な考えや感覚があって…。

超個人主義のフランス人。

それが自由でいいなぁと思う反面、やはり私はそうはなりきれない日本人なのです（笑）。

そんな私は、小さな私の世界の中で、いかに私らしく生きられるかを模索しながら、自分だけの人生を築いていけたら…って思っています。

モカ味のエクレア

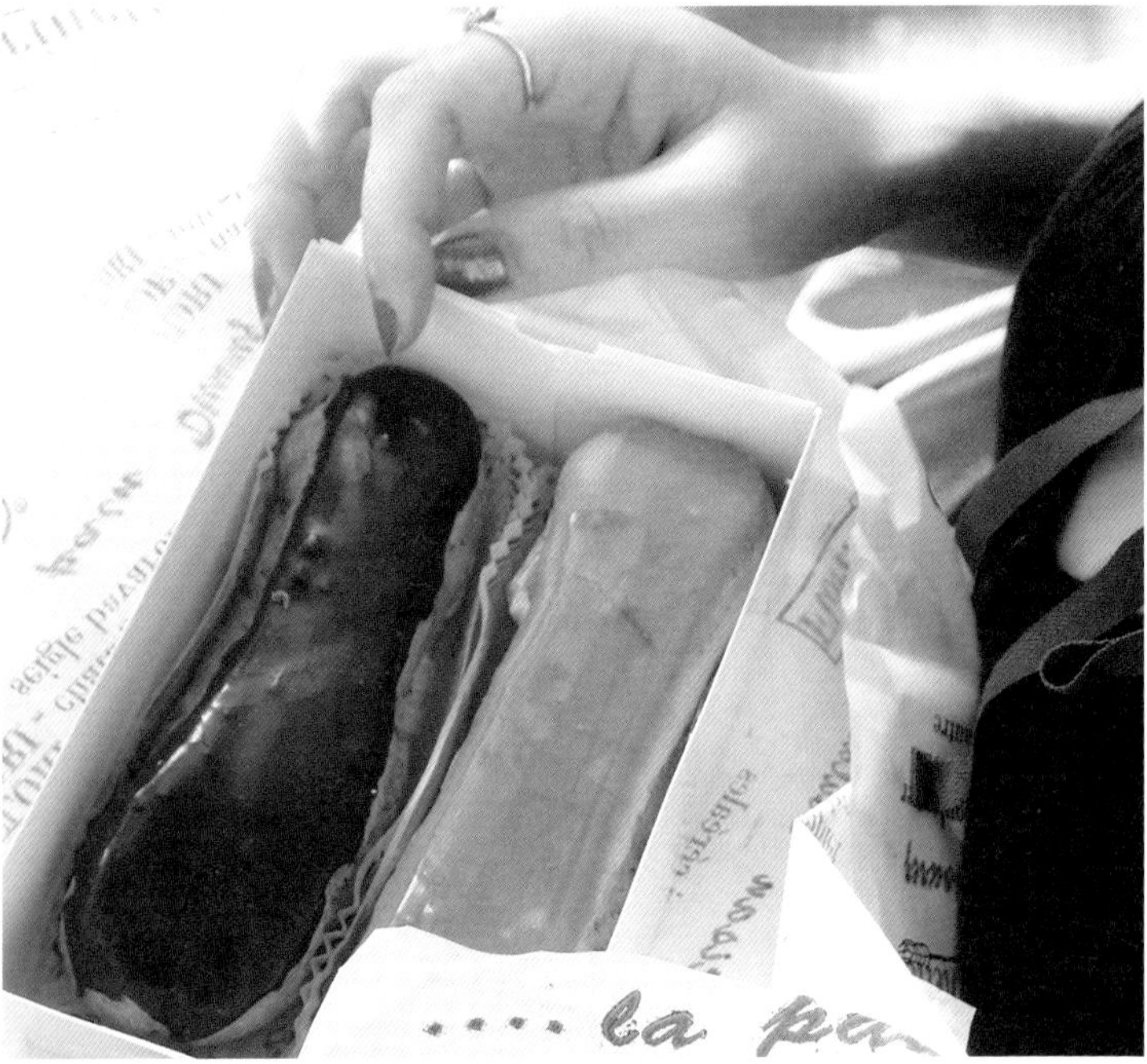

右がモカ味、左はショコラ。

甘いものが実はあまり得意ではない私。

そんな私がハマってしまったものの一つがエクレアです。

パリ滞在中、たまたま購入して食べたエクレアが美味しくて衝撃を受けました。

今まで日本で食べてきたエクレアとは違う…。

生地がしっかりしていてもっちり、そしてかなり濃厚。

ひとつが大きくて中のクリームもたっぷり。ボリュームもあります。

感激のあまり毎日のように様々なお店でエクレアを買ってきては滞在先で食べ比べてました。

チョコ味も美味しいけれど、モカ味のエクレアが好みです。

シンプルなクレープ

買い付けでパリの街を忙しく歩いていると、食事もままならないことがあります。小腹が空くと、すぐに食べられる手軽さもいいです。

エクレアのほかにパリでハマったものは、クレープです。

パリにはクレープリーも沢山あり、モンパルナスなどには有名店もありますが、お店ではなく、街中に屋台的なクレープ屋さんもよく見かけます。

歩き疲れていると甘い香りについつい足を止めてしまいます。

最近のお気に入りになったものは、バター、シュガー、レモン汁という組み合わせのシンプルなクレープ。

これがなかなか美味しいのです。

（レモンシロップではなく、フレッシュなレモンを絞ってかけてくれるクレープが理想的。）

ぜひ一度食べてみて！シンプルだからこその際立つ美味しさです。

パリのヴィンテージショップ

パリの街には色々なヴィンテージショップがあるので楽しいです。

パレ・ロワイヤルにあるヴィンテージの王様「ディディエ・リュド」などの高級なヴィンテージショップはウインドーを眺めるだけでも一見の価値があります。

素晴らしい昔のクチュールドレスに出会えます。

私はお店のマダムを見るのも好きなんです。ご自分の好きなヴィンテージファッションに身を包み、とても個性的。粋で素敵な女性が多い気がします。

一番大事なのは、自分らしさなんだよね。私もあんなふうに自分なりの価値観で自由に美しく生きたい！

いきいきとした素敵な年上の女性に出会うと、とても刺激を受けます。

シテ島の小鳥市

今は見かけなくなりましたが、昔は小鳥屋さんってありましたよね。うちは家族揃って小鳥好きだったので、よく近所の小鳥屋さんへ買いに行ったものです。写真は以前飼っていたインコのカップル。とても仲良しで見ているだけで癒されました。

ずっと前から噂に聞いていたパリのシテ島で日曜日に開かれる小鳥市、２０１０年にやっと行くことができました。朝8時くらいからはじまると聞いたので、早起きして出かけました。色々な小鳥と一緒に、鳥かごなどの小物も販売されていて楽しめます。

インコ以外にもニワトリやオウムなどの割と大きな鳥もいたり、ウサギも売っていました（笑）。

パリでも小鳥とこんな風に触れ合えるなんて…。来てよかった〜！と嬉しくなりました。

同じ場所で花市も開催されるようです。素敵ですよね。

そういえば小鳥を買うと入れてくれる箱に、「小鳥を愛する人はだれでも心優しい人」という言葉が書いてあったんです。

なんか…、いいですよね。思い出すとジーンとします。

A la mere de famille（アラメールドファミーユ）

9区にあるパリで最も古いといわれるお菓子や屋さん。1761年創業というからフランス革命よりも前にあったということですよね。パリにいくつか店舗がありますが、本店はベルエポックの古き良き時代の雰囲気がそのまま残っています。風格あるノスタルジックな佇まいのお店の扉を開けると、甘いチョコレートやキャンディーの香りに包まれます。瓶に詰まったカラフルなキャンディーやチョコレート、それからクッキーやキャラメル、ヌガー……。可愛らしいお菓子の山に心がときめき、まるでおとぎの世界にいるような錯覚さえ覚えます。このお店が大好きで、毎日通いたいがためにわざわざこの近くに滞在したこともあります（笑）。お菓子もどれも美味しくて、特にここのチョコレートが大好き！
カラフルなお菓子に囲まれて幸せな気分になります。

パリの代名詞のひとつ

オープンカフェって、パリのイメージですよね。

通り沿いのテラス席でお茶したり、ランチしたり…。日本だとそこまで日常的ではないので、なんとなくお洒落な雰囲気に見えます。

両親とパリに行った時も、父がオープンテラスでお茶したことを、とても喜んでいました。青空の下でパリの空気を感じながらお茶したり食事するのって、本当、最高に気分いいですものね。

パリの街角には、テラス席のあるカフェやレストランが沢山あります。

私もいつもテラス席に座ります。

お茶を飲みながら、パリらしい景色や街並みを眺めたり、隣に座っているパリジェンヌたちを観察したり…。

みんなそれぞれに自分のスタイルで、のんびりと過ごす時間を楽しんでいます。

蚤の市めぐり

日常的に開催される蚤の市をみても、フランスの人は古いものを大切にする精神が根づいているなと思います。素晴らしい文化ですよね。

パリでは週末に開催される蚤の市をめぐります。

そういえば数年前まではバスティーユで大きなアンティーク市が春と秋、年に2回あり、これを日がけて渡仏したりしたのですが…、残念ながらなくなってしまいました。とても良かったのでまたぜひ復活してほしいと願っています。

そんなこともあり、近年はパリ郊外のシャトゥーの蚤の市にも行くようになりました。

パリではヴァンブなどの他に、クリニャンクールにも必ず行きます。

それから週末は街のどこかしらでブロカントが開催されているので、情報を調べて蚤の市めぐりもしています。

私は主にアクセサリーやビーズ、手芸品、などを探してきます。

宝探し

2007年、パリにて。このレトロな色合いの写真はブローニー判フィルムカメラの「紅梅」で撮影したものです。

パリの蚤の市では色々なものが所狭しと並べられています。アンティークやヴィンテージショップもそういった雰囲気のお店が多く、ショーウィンドーを見ているだけでも、ワクワクしてきます。沢山のごちゃごちゃしたものの中から、掘り出し物に出会えた時の嬉しさといったら…！

そんな宝探し、みたいなのが好きです。もしも自分でお店をするなら、パリの蚤の市みたいな雰囲気に、とずっと思っていました。

可愛いものが溢れるくらい沢山並んでいたら、それはもう…、ときめきしかないでしょう？

そんな思いから、私のサロンのショーケースにはぎゅうぎゅうにアクセサリーを並べてます。

たくさんの中から、宝探しを楽しんで欲しいなって思っています。

ラム酒をたっぷりと浸したケーキ
ババ・オ・ラム

モントルグイユにある「Stohrer」（ストレー）という老舗パティスリーでもババ・オ・ラムがスペシャリテとして置いてあります。このケーキをアレンジした人気商品のアリ・ババというケーキもあり、こちらは見た目が日本のサバランに少し似ているかも。

ババ・オ・ラム。

日本でいうところのリバラン、のようなもの。私はパリで時々このケーキを無性に食べたくなります。

かなりラム酒が効いていて、ちょっぴり酔ってしまいます（笑）。

カフェやビストロにあるものはブリオッシュのようなパンを半分に切ったものにラム酒が染み込んでいる、という感じ。至ってシンプル。

お店によってまた違うと思うのですが、大抵はこのスタイルで出てくるような気がします。フランスではポピュラーなケーキみたいでほとんどのパティスリーで見かけます。

そうそう、ババ・オ・ラムの「ババ」って言葉はロシア語からきているらしいのですが、「おばあさん」という意味があるとか。

日本と同じ…っていうのが何だか面白いですよね。

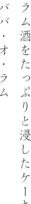

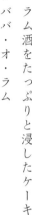

バラのアイスクリーム

ラデュレのペタルローズのアイスクリームをこよなく愛しております。

バラのアイスクリームだなんて、それだけでロマンテックで魅力的。

そもそも、バラの味っていうのが好きなんですが、優しい甘さと香り、それから淡いピンク色にもときめきます。

お腹に余裕のある時は、このアイスクリームに同じくペタルローズのマカロンをトッピングしてもらいます。

私にとってパリでの至福のティータイムの時間です。

ラデュレはパリに幾つかありますが、私はサンジェルマンにあるボナパルト店が一番お気に入りです。こじんまりとしていて、落ち着いた雰囲気。シックなインテリアも素敵です。

夏のパリ

セーヌ川に架かる橋、ポンヌフはパリに現存する最古の橋だそうです。重厚感のある歴史を感じる趣のある素晴らしい橋。ここも古い時代にタイムスリップしたような気分になる場所です。セーヌ川を見下ろすと、バトームーシュなどの遊覧船が。セーヌ川クルーズは、何度乗っても楽しくて大好きです。

パリに買い付けに行くのは大抵春と秋が多く、時々、冬はノエルの時期に行く時もありますが、夏のパリはずっと行ったことがなかったのです。

そんな私が２０１６年の７月から８月にかけて初めて夏のパリを満喫してきました。

なんといっても嬉しいのは薄着で過ごせるため荷物もかさまず、暑いといっても日本のジメジメした暑さではなくカラッとしているため過ごしやすかったこと。

明るい陽射し、どこまでも続く青空…。

歩き疲れてひと休み、カフェのオープンテラスでいただくパナシェの美味しさといったら！

幸せを噛み締めました。

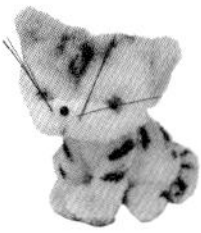

手芸屋さん

パリの2区にある手芸店「ウルトラモッド」。

ここは現代の物から、アンティーク、ヴィンテージの様々な手芸材料が置いてあり、必ず立ち寄るお店のひとつです。

たくさんの色とりどりのベルベットやグロングランのアンティークの素敵なリボン。古い時代のものは光沢や生地の風合いもなんとも云えなくて…。また色合いが素敵なのです。

例えばグリーンなら微妙に少しずつ違った色み、風合い、リボン幅のものがあるので、見ているうちにどれを選んでいいのか分からなくなるほどです。あれこれ悩んで選ぶのも楽しみのひとつでもあります。このほかに、蚤の市などでもアンティークレースなど手芸材料を探してきます。

古いものに息を吹き込んで物づくりをするのがとても楽しいです。

卵が好き

クロックマダムが好きです。

パリのカフェでは定番メニューですが、トーストにハムとチーズを挟み、バターを塗ったフライパンで焼いたもの。ベシャメルソースが塗られ、チーズがとろけて、もう至福の味。そこに目玉焼きが乗ってるのがクロックマダムなんです。（ちなみに目玉焼きがないとクロックムッシュになります）

私、卵が大好きなんです。なんでも目玉焼きが乗っているというだけで嬉しくなってしまう。そんなこともあって、クロックマダムの見た目も大好き。

パンはあまり食べませんが、これだけはパリで必ず食べるものの一つです。

ウフマヨ

ウフマヨ…考えてみたら、これもよくパリで食べます。

（フランス語でウフは卵…ウフマヨって「卵とマヨネーズ」のことです）

フランスでは定番の前菜メニューなので、比較的どこのビストロでも手軽に食べられます。

シンプルにゆで卵にマヨネーズをかけたものが多いですが、お店によっては味付けも違うので食べ比べたりして楽しんでいます。

まさに卵好きのための一品。シンプルなだけに奥深いです…。

秘密の花園で
ティータイム

色とりどりの季節のお花が咲き乱れるロマンティックなお庭。なんだか秘密の花園みたいって思い嬉しくなりました。小鳥もたくさんいてお茶していると鳴き声が聞こえたり、近くにまで飛んできます。小鳥好きの私。凄く癒されて気分もほぐれて楽しい時間を過ごせます。

Musse de la vie romantique（ロマン派美術館）は、パリ9区モンマルトルの丘のふもとにある小さな美術館。通りから小さな緑に囲まれた小路を入っていくとそこはもう別世界。とても素敵な館が現れます。19世紀にはショパンやドラクロワなど、当時の芸術家や知識人たちが集まる社交サロンだったそうです。

中でも気に入っているのは中庭にあるカフェスペース。緑に囲まれた中庭にはテーブルや椅子が置いてあります。都会の中にいることをふと忘れてしまいそうなほど自然に囲まれていて、森の中でティータイム、といった雰囲気が味わえます。

のんびり、ゆっくり時間を過ごすにはとても気持ちの良いおすすめの場所です。

青空の下のヴァンブ蚤の市

5月にはここにスズラン売りがいて、そのスズランの花束を手にチェンバロ演奏に合わせて踊る女の子がいたり、また別の時には、通りがかりのおばあちゃまマダムがいきなり踊り出し、こちらに向かって投げkiss!! 本当に可愛らしい。
青空の下、チェンバロの音色がなんともいえず古き良きパリを感じる。
そう、人生は自由なんだ…。
こんな感じに楽しく陽気に生きなくちゃってハッと思ったのでした。

パリの南部で週末に開催されるヴァンブの蚤の市。ここは木々のある通りの中をたくさんのお店が立ち並ぶ青空市のスタイルなので、とても開放的でゆったりしたムードが漂います。昼過ぎには終わってしまうので、私は大抵、土曜日の朝早くに行きますが、いつもたくさんの人で賑わっています。ちょっと歩き疲れると、突き当たりにある移動式のカフェで休憩。そして主に小さな小物やアクセサリー、手芸用品などを中心に探します。短時間でぐるっと色々なお店を見ることができて、明るい雰囲気なので散策するのも楽しく、とても好きな蚤の市です。

突き当たりのカフェのあたりに、いつもチェンバロを演奏しているおじいさんがいます。

(コロナで最近はパリに行っていないのですが、今もお元気かな…)

パサージュ

お気に入りのパサージュ・ジュフロワ。ここは可愛いおもちゃ屋さんやケーキ屋さん、本屋さんなどがあり楽しめます。あとグレヴァン蝋人形館やレトロな雰囲気満載のホテル「ショパン」もあります。パンデピスというおもちゃ屋さんはドールハウスやミニチュアのものがたくさん！私もここでドールハウスの家具などを色々購入しました。

パリに行くと必ず立ち寄るところのひとつにパサージュがあります。パサージュとは19世紀前半に造られた「屋根のある舗道」を意味する言葉です。いってみれば日本のアーケード街、みたいなものでしょうか。でも、やっぱりそれとは全く印象が違います。パサージュには古き良きパリの面影、みたいなものが残っており、私はそんな時代を感じさせてくれる場所が大好きです。

パサージュを歩いていると、ベルエポックの時代の女性たちが雨で長いスカートを汚すことなく、ここで優雅に買い物をしたり楽しんでいたんだろうな、と思い浮かべます。

そんな自分の知らない時代のことを想いながら昔にタイムスリップしたようなパサージュを歩く時間は、とても豊かでかけがえのない時間なのです。

帽子専門店

パリには帽子専門店がたくさんあります。

こちらは偶然にみつけた小さなアトリエ兼ブティック。ロシュフォールでかぶったピンクのカプリーヌもこのアトリエで作ってもらいました。

ブティックの奥に小さなアトリエがあり、そこでデザイナーさんがひとつひとつ丁寧に全てを手作りされています。ここを訪れた時、店内にずらりとたくさん飾られたカラフルで夢のある素敵な帽子を見て、まるで蝶々が飛んでいるみたい！と思い、心が浮き立ちました。

美しいものってワクワクしますね。

アリーグルのマルシェ

残念ながら全く収穫なし、という日も少なくはないのですが、リモージュ焼きの小さな置物や、銀製の美しい白鳥の装飾のボウル、木でできた兎の小物入れなどなど、今まで掘り出したお宝は数知れず。そういう時はルンルン、もう嬉しくてスキップしたくなります。物との出会いはまさにタイミング、運命です。

パリの12区、下町にあるアリーグルのマルシェ。バスティーユからほど近い場所にあります。

屋内市場と青空市があり、それもほぼ毎日午前中は開催されています。果物屋さん、八百屋さん、魚屋さん、お肉屋さん…。とにかく色々なお店が立ち並び、朝から活気があります。興味深いのは、食品などのマルシェの奥の方で小さな蚤の市まで開催されているところ。

パリではとても早起きな私。できるだけ時間を無駄なく使いたいというのもあり、朝は暇つぶしも兼ねてこちらへ足が向かいます。

細々した物から、陶器、本、などなど…。ガラクタのような物も多いけれど、探すと掘り出し物も見つかる時があるのでここは意外と侮れない!!というのが行きついた答えです（笑）。

マルシェ・ド・ノエル

冬のパリも好きです。

ノエルの季節が近づくとマルシェ・ド・ノエルといって、シャンゼリゼ通りなどにたくさんのお店が立ち並び、とても賑やか。

並木道にはイルミネーションがキラキラ輝き、夜遅い時間まで多くの人が出歩いています。

クレープ屋さんや、ホットドッグなどの飲食店やケーキ屋お菓子、おもちゃやアクセサリーなどなどクリスマスにまつわるものや、ちょっとした贈り物に良さそうな小物が売っていて楽しいです。

とても寒いのでヴァン・ショー（ホットワイン）を飲みながらお散歩。

パリのクリスマスってどんな感じなんだろう、と思っていましたが、派手という感じではなくて、日本に比べて厳かでシックな雰囲気です。

モンマルトルのサラダ

「Le Relais Gascon」6 rue des Abbesse . 75018 Paris

かれこれ10年以上前になりますが、パリのモンマルトルを歩いていた時、偶然見つけて入ったカフェ。それ以来、お気に入りでよく行きます。なんといっても、このお店のサラダが絶妙に美味しいのです。

サラダの種類もたくさんありますが、どれも洗面器ほどの大きさのボウルにたっぷり一人前…。ガーリックが効いたジャガイモのフライがこれでもかというほど乗っていてボリューミィ。これだけでお腹一杯に。2人で一皿でも食べきれない！（笑）。

それでも毎回これを注文してしまう…、クセになる美味しさなんですよね。ここでしか味わえない一皿。

もしモンマルトルに行かれることがあれば、ぜひ！

ヴォージュ広場

ヴォージュ広場は「パリを世界で一番美しい街にしたい！」と1612年にアンリ4世が作ったパリで最も古い広場だそうです。

公園内は緑に囲まれ、中央に大きな噴水があります。

ベンチでお喋りしたり、読書したり…。

みんなここでそれぞれにゆっくりとした時の流れを楽しいんでいるように見えます。

公園を囲むレンガの建物の下は回廊になっており、カフェやギャラリーがあります。

レンガのアーケードがとても優雅で素敵な雰囲気。

ここには16区に本店がある「CARETTE」という老舗のサロン・ド・テの2号店があるので時々ランチしたりお茶したりします。

クリニャンクールの蚤の市

最も歴史があるエリア Marché Vernaison（マルシェ ヴェルネゾン）にて

世界最大規模を誇るクリニャンクール蚤の市。２０００店舗以上が軒を連ねていると聞きました。とにかく大きな規模の蚤の市なんです。

お店は常設店舗形式なのでアンティークのお店が立ち並ぶ街、といった雰囲気です。

相当昔の物から幅広い年代のものが色々売られています。

ここは世界中からバイヤーが仕入れに来る場所。

もちろんお店を出しているのはその道のプロばかり。当然ながら古い物が好きな方々なわけで…。

色々質問すると喜んでその物についての歴史とか由来などを教えてくれます。

そういう話って聞くだけで楽しいし、とても勉強になります。

二階建てのアーケード
Marché Dauphine
（マルシェ ドルフィン）

クリニャンクールにある老舗アンティークショップ「ダニエル・エ・リリ」。1860年から1980年までの貴重なヴィンテージアクセサリーや材料などを扱っています。ヴェルネゾン地区にはビーズの専門店「リリ・エ・ダニエル」もあります。

唯一無二のもの

今は世界中のものが大体、日本でも買えますし、オンラインで通販も手軽にできる時代です。そうなると、いつも悩むのがパリでのお土産。

どうせなら日本で手に入らなくて、喜んでもらえるようなものを、と思うのですが。う〜ん、むずかしい…。

最近はモンマルトルにある香水瓶屋さんのオリジナルの香水や香水瓶、それから小さなお菓子屋さんのおいしいチョコレートなど…。そこでしか買えない、っていうものを少しずつ探しています。

そう考えると、ヴィンテージのアクセサリーもそうですよね。一期一会の付加価値まであります。

「誰でも、どこでも買えるもの」でなくて、「そこでしか買えない、唯一無二のもの」に出会えるように、とパリの旅では、いつもアンテナを張り巡らせています。

Stickers
COLORS
COUNTING

HOPE

祥子さんが旅立たれたのは２０２２年7月21日、私のサロンオープン1周年の日でした。

この本を執筆するにあたり、私がずっと憧れていた祥子さんのことは絶対に書きたかったので、昨年ご了承をいただくためにご連絡したら「私の事なら好きなように何でも書いていいわよ！」と快く言ってくださり、この本の出版もとても楽しみにして下さっていました。そしてありがたいことに甲府の私のサロンに「絶対行くからね」、といつも言ってくださっていました。

それは叶わなかったのですが…。

お亡くなりになる1ヶ月ほど前にご連絡があり、体調が悪く、入院することになるかもということ、それから原宿サロンを閉めるということをお聞きしました。

あの可愛くて素敵な、大好きな祥子さんのサロンがなくなってしまうなんて…。

とても淋しい気持ちになりました。でもお身体のことを考えるとやむを得ない決断だったのかと。

それから、祥子さんからの優しいご懇意もあり、原宿サロンで使われていた家具や什器などを受け継がせていただくことになりました。

お店、頑張って！と言われているのかなって思いました。

祥子さんの選んだ、想いが詰まった家具や什器…、大切にします。

私のサロンに届いた時はとても不思議な気分になりましたが、違和感もなく溶け込んでいました。

私は今、憧れの祥子さんを感じながら仕事をさせていただいています。優しく温かい空気に包まれているようで、とても幸せです。

これから先も、オープン記念日である7月21日が訪れるたびに、決して忘れることなく、祥子さんのことを必ず想うと思います。

その中で色々感じたり、考えたり…私にとって、これは祥子さんからいただいた人生の大きなギフトなんだと思います。

少しずつ受け止めて歩んでいこうと思います。心からありがとうございます。

祥子さん、Bon voyage！

またいつかお逢いする日まで…。

私のサロンのピンクの空間に、祥子さんのサロンのテーマカラーだったと思われるセージグリーンの家具がぴったりでした。とても心和む優しい一角に。
“祥子さんコーナー”には美しい小物と共にHopeの壁飾りも。

105 フランス、アンジェの雑貨屋さんで購入したスミレの紙箱。
106 ベークライトのブローチ。フランス、60's。
108 Mimi のリボンバレッタと、60 ~ 70's 頃のヴィンテージの傘のコーム。
110 セルロイドのブローチ。50's 頃のもの。
112 ヴィンテージの Belgian Shose。アップルグリーンとリボンにキュンとします。
113 Mimi の定番リボンバレッタ。この形はずっと作り続けています。
114 ヴィンテージのドールハウス絵本。立体的なドールハウスになる夢のある作り。
116 猫のリモージュボックス。夫からのプレゼント。
117 leef embroidery brooch のビーズブローチ。
118 Vendome（ヴァンドーム）のガラスのヴィンテージイヤリング。50 年代のもの。
119 アンティークのハンドグリップ。貴婦人の手の真鍮製のもの。30 ~ 40's 頃、ヨーロッパで流行していたとか。
120 イタリアの手吹きガラスのオーナメント。Soffieria De Carlini のもの。
122 私が作ったドールハウスの住人たち。
123 パンジーのビーズパース。ガラスビーズの手の込んだもの。（フランス・20's）
124 BOBBY PINS。女の子のヘアピン入れ。
125 ヴィンテージリボンにボンボンをつけた Mimi の秋色ミニバレッタ。
126 メタルの大きなお花のブローチ。60 ~ 70's 頃のもの。
127 双子の猫のヴィンテージパーツをリメイクしたミニブローチ。
128 アンティークビスクドール。ヴァンブの蚤の市で見つけたお花の妖精たち。
129 フランス.60's のベークライトのお人形ブローチ。
130 リスのパウダーケース。（フランス・50's）
132 お人形用のパフ。
133 フランスの蚤の市で見つけた小鳥のオブジェ。
134 K18 で作った「こゆきピアス」
135 ROGER&GALLET（フランスのパフュームブランド）のサボンケース。
136 ヴィンテージの水鳥の羽のパフ。フワフワ、カラフルで可愛い。リボンは自分でつけました。
137 キャンディ型コーム。1960 ~ 70's のもの。
138 Mimi のシルクのリボンバレッタ。
139 イタリアの手吹きガラスのオーナメント。Soffieria De Carlini のもの。
140 カラフルな樹脂のブローチ。
141 南仏、エズにあるホテル La Chèvre d'Or（シェーブルドール、金の山羊という意味!）で購入したブロンズのオブジェ。
142 一年中飾っている羽のオーナメント。
143 50's の Vendome のガラスのイヤリング。
144 曽祖母に買ってもらったお気に入りの髪飾り。
145 ロンドンで見つけたエッグスタンド。
146 アリーグルの蚤の市で見つけた陶器のいちごのミニチュアカップ。
147 パリの老舗おもちゃ屋さん Au Nain Bleu オリジナルの赤いベア。
148 バラのブローチ。50 ~ 60's のもの。
150 リモージュ磁器のブランド、Soizick の猫のオブジェ。パリで購入しました。
152 私が作ったキャラクター「RON RON」のお人形。スヌーピーが好きな夫をスヌーピー風にしてあげました（笑）。
153 貝からできたスワンのトレイ。アリーグルの蚤の市での掘り出し物!
154 50's のヴィンテージブローチ。色合い、デザイン共にパーフェクト！私の宝物です。
155 ヴィンテージ鳥かごのランプ。
156 Pruneaux d'Agen fourrés　フランス、アルジャン地方の銘菓でドライプルーンの中に果肉ペーストが入っています。大好きなお菓子!
157 エッフェル塔のブローチ。
158 小さなパンジーモチーフの花瓶。シャトゥーの蚤の市にて。
159 ヴァンブの蚤の市で購入したピエロのビスクドール。
160 エッフェル塔のペーパーオブジェ。
161 扇の形をしたアンティークビーズのサンプラー。
162 チェリーが手描きされたヴィンテージのカゴ。
163 手のひらに乗る小さな猫のモール人形。
164. 165　昔パリのマレにある素敵な雑貨屋さん "Les Mille Feuilles" で購入した小鳥の陶器。
166 ロマンティックな絵付けのアンティークのお皿。
167 パピエマルシェのドールヘッド。
168 蚤の市で出会ったアンティークベア。抱いて帰りました。
169 アンティークのペーパーボックス。
170 真鍮製の猫のトレイ。アリーグルの蚤の市で見つけました。
171 大好きな天使モチーフのヴィンテージブローチ。
172 双子姉妹のマグカップ。2013 年、パリの「ジャック・ドゥミ展」で購入。
173 ディプティックのフレグランスキャンドル「ROSES」。大好きな香り。
174 ねずみのビスクドール。
175 リキュールピッチャー。
178 山吹祥子さんのサロン「ケルシャンス」に飾ってあった壁飾り。

un dernier mot

各頁・アイコンに使用したものたち

12 La Cachette et Mimi の招き猫。姉と妹からの開店祝い。

13 アンティークリボンを使い1周年記念に作ったMimi のリボンバレッタ。

14 SHISEIDO のアンティークの手鏡。

16 サロンの開店祝いに友人からいただいた、サロンのロゴマークの手づくり刺繍フレーム。

18 父に作ってもらったお家バッグ Mimi スペシャルバージョン。

20 ヴァンブの蚤の市で見つけたアンティークのボンボン入れ。

22 Meirie さんにオーダーして作っていただいた"Mimi" の刺繍入りクッション。

26 50's のガラスのイヤリング。

27 50's のガラスのイヤリング。フランスの Finzi というメーカーのもの。

28 50's のガラスのイヤリング。

29 60's のオールドプラスチックのイヤリング。

30 マドレーヌ・リヴィエールのヴィンテージのガラスのイヤリング。50's 頃のもの。

55 青い小鳥のブローチ。40～50's のもの。これに合わせて鳥かごクッションを作りしました。

56 赤いチェックのバレッタ。はいから屋で買った思い出の品。

58 Mimi のリボンバレッタ。ベルベットの大きめのリボンでローズクオーツがついています。

60 ヘキサゴンのフレンチタイル。伝統的なキューブ柄のアンティークタイル。

62 レトロなイラストのアクセサリーパーツ。フランスの 70's のもの。懐かしさを感じます。

66 ヴァンブの蚤の市で見つけた子猫の置物。手にはてんとう虫が乗っています。

67 パリで見つけた西ドイツ製の 50's のイヤリング。春らしい色あい。

68 猫のオブジェ。クリニャンクールで夫が一目惚れして連れて帰ってきた子。

69 南仏、エズで購入したリモージュボックス。

70 60's のペンダントトップ。ハンドペイントやお花の飾りが可愛い。裏はミラーになっています。

71 パリ（モンマルトル）のアンティーク香水店「Bell de Jour」オリジナルのすずらんの香水瓶。

72 2013 年、映画「シェルブールの雨傘」50 周年記念の傘。プレゼントで頂いたもの。

73 古い陶器のドリップキャッチャー。ポットに取り付けて注ぎ口の液垂れを防ぐもの。

74 鳥のドレスクリップ。40's の Coro のもの。このシリーズのデュエットブローチを集めてます。

75 オールドプラスチックのブローチ。フランスの 60's くらいもの。

76 さくらんぼのようなラディッシュのような…ガラス、スパンコール、リボン、素材の使い方が絶妙なイヤリング。

77 バスティーユの蚤の市で出会った親指ほどのセルロイドのお人形。

78 あどけない少女のヘッドベース。頭にお花を飾れます。50's のもの。

79 フランスの Natasha Farina（ナターシャ・ファリナ）のスミレのデコレーショングラス。キャンドルホルダーにも使います。

80 50's のデイジーのブローチ。山吹祥子さんが私のサロンで購入してくださったもの。

82 虹色に輝く大きなちょうちょのブローチ。

83 アンティークのフラワーベース。木に3羽の小鳥たち。とても可愛らしいデザイン。

84 アンティークのビスクドール。レースとお花でおめかししています。

85 ベークライトのお人形ブローチ。60's、レアなグリーンのお顔！

86 スフレパールのイヤリング。フランス 40's。

87 ヴィンテージの白鳥フラワーベース。白鳥の背中にお花を飾れるなんてロマンティック。

88 ヴィンテージのバレッタ。60's くらいのもの。

90 双子姉妹のブローチ。フランスの MARIANNE BATLLE（マリアンヌ・バトル）の作品。

91 エッフェル塔のオブジェ。パリのお土産の定番！

92 大好きな美しいバラを飾ったスワンのベース。

93 40's 頃のセルロイドのイヤリング。

94 leef embroidery brooch の水兵さんビーズブローチ。

96 男の子の誕生をお祝いするためのオブジェ。

97 ヴァンブの蚤の市で見つけたセルロイドの小鳥のクリップ。

98 Lulu Guinness（ルルギネス）のカラフルな帽子。20 年以上前のもの。

99 陶器のハンドオブジェ。リングのディスプレイにもなります。

100 パリのヴィンテージショップで購入した 50's の靴。シンデレラサイズでした！

101 女の子と猫のイラストが可愛いトランプ。

102 Mimi のお星さまブローチ＆髪飾り。

103 小さな麦わら帽子のブローチ。ワックスフラワーの飾りがヴィンテージならでは。

104 ロシュフォールで見つけた夏らしいレトロな女の子のオブジェ。

あとがき

私には、子供時代からずっと大切に持ち続けているお気に入りの本が幾つかあります。

時々思い出しては開き、読みたくなるような、そんな本。

本って、ただの紙の集積ではなくて、好きな時にいつでも自由に出入りできる夢の世界なのです。

私の本もそんな風になれたらいいなと、願いを込めながら向き合ってきました。

毎日慌ただしく過ぎて行く中で、ふとこの本を開くと心が癒されたり、キュンとなったり…、みなさまのそばに置いていただけたら嬉しく思います。

最後に、私にこのような素晴らしい機会を与えてくださったワイズ出版の田中ひろこさん、ご協力してくださった石島杏理さんに心から感謝申し上げます。

一緒にこの本を作り上げていく時間は、私にとって幸せでかけがえのないものでした。
そして、私の小さな夢物語に付き合い、いつも一番に応援してくれた夫、それから私の夢を形にするために協力してくださったすべての方々に感謝しています。

二〇二二年十二月
クリスマスの飾り付けをしながら

後藤 由貴

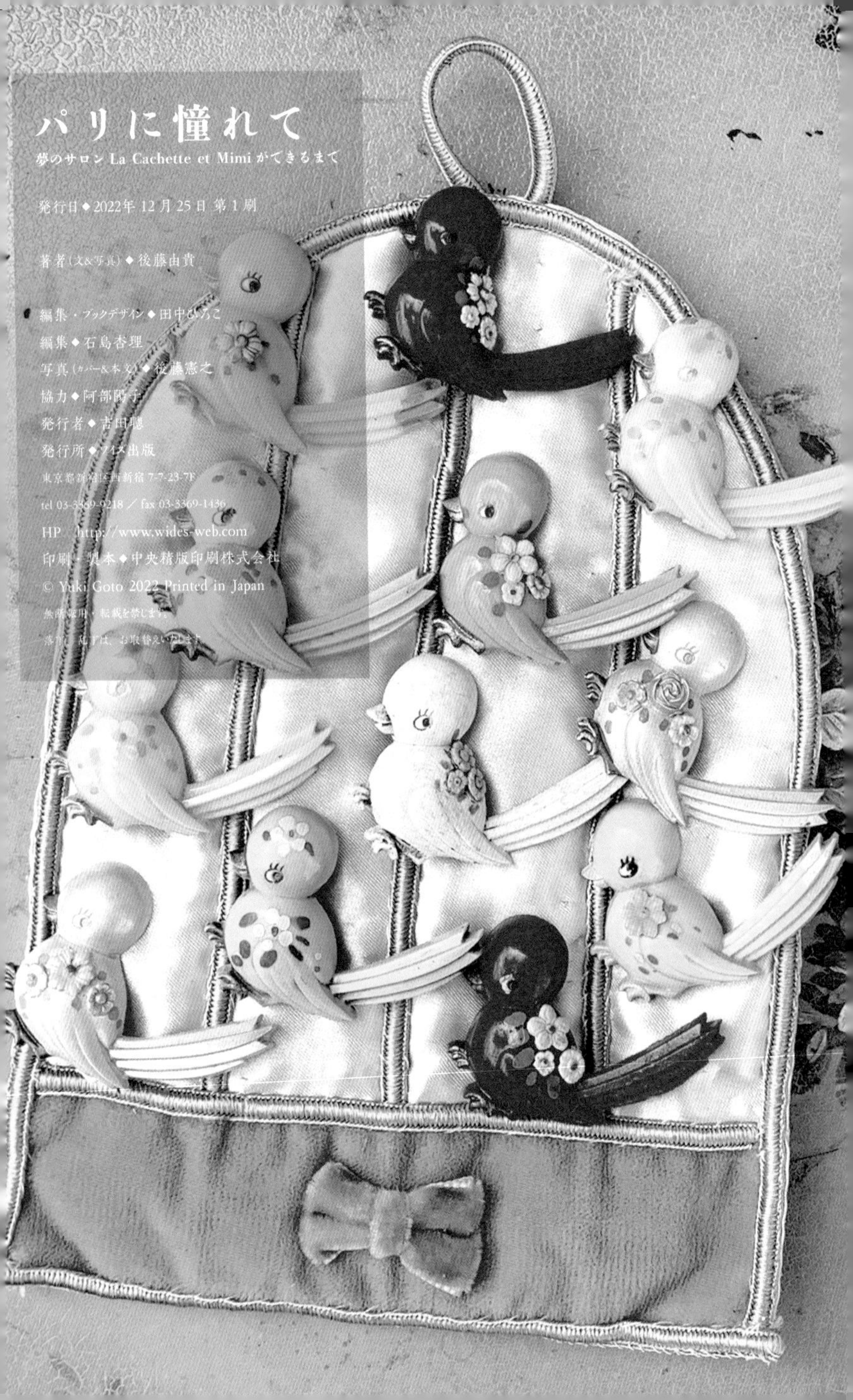

パリに憧れて

夢のサロン La Cachette et Mimi ができるまで

発行日◆2022年 12月 25日 第1刷

著者（文&写真）◆後藤由貴

編集・ブックデザイン◆田中ひろこ
編集◆石島杏理
写真（カバー&本文）◆後藤憲之
協力◆阿部陽子
発行者◆吉田聡
発行所◆ワイズ出版
東京都新宿区西新宿 7-7-23-7F
tel 03-3369-9218 ／ fax 03-3369-1436
HP　http://www.wides-web.com
印刷・製本◆中央精版印刷株式会社